다정한
무관심

다정한 무관심

함께 살기 위한 개인주의 연습

한승혜 지음

사우

우리는 모두 섬이자 대륙의 일부다.

존 던
John Donne

우리는 모두 개인주의자가 되어야 한다

얼마 전 인터넷에서 이런 글을 보았다. 며칠 전 중국집에서 본 광경에 대한 이야기였다. 남편과 중국집에 갔더니 남학생 다섯 명이 앉아서 밥을 먹고 있었는데, 그중 한 명이 아는 집 아이였다고 한다. 그런데 다른 네 명이 맛있게 먹을 동안 그 아이만 우두커니 앉아 있었고, 보아하니 돈이 없어 그러고 있는 눈치였다고. 그래서 바로 사장님께 말씀드려 짜장면을 한 그릇 대신 시켜주었다고. 그러면서 글쓴이는 다른 아이들이 몹시 얄밉게 느껴지더라는 이야기를 덧붙였다. 친구가 돈이 없는 것 같으면 천 원씩 걷어서 사줄 수도 있는 거고, 하다못해 한 젓가락씩 덜어줄 수도 있는 건데 너무들 한 것 같다면서 말이다.

내가 글쓴이였더라도 비슷한 감정을 느꼈을 듯하다. 당사자가 아니므로 전후 사정은 알 수 없고, 어디까지나 인터넷에 익명으로 쓰인 글이기에 진위 여부 또한 장담할 수 없지만, 어쨌든 다섯 명 중 네 명은 맛있게 먹고 있고 그걸 지켜보고만 있는 한 명이라니. 아마도 몹시 속상한 광경이었을 것이다. 역시나 게시글 밑에는 수많은 댓글이 달렸다. 글쓴이 같은 어른이 있어서 그나마 다행이라는 안도, 우리 아이에 대입해서 생각하니 마음이 아프다는 공감, 그 밖에 요즘 애들은 개인주의가 강해서 그렇다며 세대의 풍조를 지적하는 내용에 이르기까지.

그런데 다름 아닌 '개인주의'라는 단어에서 나는 그만 멈칫할 수밖에 없었다. 그게 아닌데, 개인주의라서 그런 게 아닌데, 개인주의랑은 상관없는데, 개인주의는 그런 게 아닌데, 하는 말들이 목구멍까지 솟아올랐다. 하마터면 아주 긴 댓글을 남길 뻔했다. 본문의 내용과도 상관이 없고, 그리 정성스레 적는다고 누가 보아주지도 않으며, 자칫하다간 오히려 싸움이 날 수 있다는 사실을 오랜 인터넷 경력상 이미 알고 있었기에 결국 한참 쓰다 말고 전부 지우고야 말았으나.

개인주의에 대한 오해

서양에서 생겨난 '개인주의(individualism)'라는 말이 이 땅에 들어온 지 한참의 세월이 흘렀지만 오늘날에도 그 의미를 명확히 아는 사람은 드문 것 같다. 여전히 개인주의는 이기주의와 동급으로 취급받는 경우가 많으며, '개인주의자'라고 하면 차갑고 냉정한, 자기밖에 모르는, 피도 눈물도 없는 계산적인 사람, 공동체와는 무관하게 개인의 권리와 이득만을 중시하는 사람을 지칭한다는 인식이 팽배해 있는 듯하다. 앞선 사례에서 '요즘 아이들이 개인주의가 강해서 그렇다'는 지적만 봐도 그러하다. 그러나, 다시한번 말하지만 개인주의는 그런 것이 아니다.

개인주의의 사전적 의미는 이러하다. 개인의 존재와 가치가 국가나 사회 등의 집단보다 우선이라 생각하며, 개인을 중심에 두고 모든 것을 규정하고 판단하는 사상, 사고방식, 가치관, 신념, 태도, 기질을 말한다.[*] 간단히 말해 개인주의는 전체주의나 집단주의와 대립되는 사상이다. 개인의 자기결정권을 중시하며, 개인의 자율성과 독립성을 그 무엇보다 존중하는 태도이다. 한편으로는 그렇기 때문에 개인주의는 이기주의와 비슷하기는커녕 완전히 반대되는 개념이라고도 할 수 있다.

* 두산백과사전

이기주의가 오로지 자기 자신만을 생각하는 것이라면, 개인주의는 다른 사람들 역시 자신과 동등한 존재, 똑같은 욕구를 지니고 복합적인 감정을 느끼는 한 명의 인간이라는 사실을 인정하고 받아들인다. 그러한 까닭으로 개인주의자는 많은 이들의 오해와는 다르게 오히려 공동체를 소중히 여긴다. 공동체를 개인의 대립항으로 받아들이는 것이 아니라, 개인을 오롯이 개인인 상태로 머물게 하는 일종의 보호막으로 생각한다. 그렇기 때문에 공동체는 집단과는 다르며, 개인주의자는 연대의 중요성을 안다. 집단의 규칙이기에 억지로 따르는 것이 아니라 한 명의 개인으로서 다른 개인과 연대한다. 타인도 자신처럼 소중한 존재로 인식하고, 타인의 욕구와 감정 또한 자신의 것만큼 중요시 여긴다. 자신의 권리가 소중하기에 그만큼 타인의 권리도 존중한다.

그렇다면 사람들이 개인주의를 이기주의와 자주 혼동하는 이유는 무엇일까? 개인주의자를 부정적으로 여기는 이유는 또 무엇일까? 개인주의자가 자신의 의사를 명확히 표명하기 때문에? 단체의 규칙에 따르지 않기 때문에? 획일화와 집단주의를 거부하기 때문에? 나는 개인주의에 대한 사회 일반의 경계와 거부감은 역설적으로 우리 사회가 얼마나 집단주의에 물들어 있는가를 보여주는 징표라고 생각한다. 사회 전반적으로 단체와 집단주의에 너무나도 익숙해져 있기 때문에 개인을 개인으로 받아들이지 못하는 경우가 많으며, 스스로를 개인주의자라 표방하는 사람들 또한 개인주의의 개념을 정확히 아는 경우가 드물다. 그리고 그 결과가 바로 개인주의가 이기주의와 자주 혼용되는 지금의 상황인 것이다.

집단주의가 낳은 인류의 비극

몇 년 전 페이스북의 한 셀럽이 모 대학 익명 게시판에 올라온 게시물을 퍼 와 해당 대학의 교표와 함께 자신의 담벼락에 게재하며 이렇게 말했다. "이것 좀 보십시오 여러분. 어떻게 대학생들이 이런 저급한 발언을 한단 말입니까. 졸업생이나 선배들은 대체 무엇을 하고 있단 말입니까. 후배가 이런 발언을 한다면 뺨이라도 때리고 호통이라도 치지 않고 그저 바라만 보고 있단 말입니까. 이 학생들을 혼내주기 위해서라도 많은 공유 바랍니다." 해당 게시물은 수천 건의 '좋아요'와 수백 건의 공유를 기록했다.

당시 우연히 그 광경을 보게 된 나는 그대로 지나치지 못하고 그에게 물었다. 익명 게시판에 올라온 글 하나로 해당 학교 학생들 모두에게 책임을 묻는 게 맞느냐고. 편견과 선입견에 누구보다 저항하는 목소리를 내며, 차별에 반대하는 사람인 줄 알았는데 아닌 모양이라고. 그는 답했다. 편견과 선입견에는 저항하지만 여기 적힌 글 좀 보라고. 이것은 도리어 사회적으로 편견과 선입견을 조장하는 발언 아니냐고. 그렇다면 잡아다가 혼쭐을 내주어야 하는 것 아니냐고.

길게 설전을 벌였으나 결국 입장 차이는 좁혀지지 않았다. 하지만 시간이 흐른 지금까지도 이해할 수 없다. 어떤 학생이 저지른 잘못을 그가 다니는 학교의 재학생 또는 졸업생이 공동으로 책임져야 하나? 더구나 "잡아다 뺨이라도 때리고 호통이라도 치지 않고 무엇 하냐"는 발언은 또 어떠한가. 설령 정말로 중대한 잘못을 저질렀다고 한들, 같은 대학 출신이라는 이유로, 고작 몇 년 일찍 해당 학교를 졸업했다는 이유로, 다른 사람의 뺨을 때리는 폭력 행위가 정당한가?

나는 한 사람의 행위에 대한 상벌이 그가 속한 집단에게 공동으로 부여되는 것에 강한 의구심을 갖고 있다. 그것이 국가, 성별, 인종, 가족, 학교와 같은 '반강제적' 집단일 경우에는 더더욱 그러하다. 이를테면 누군가가 저지른 잘못으로 그의 부모나 자식이 함께 비난을 들어야 마땅한가? 범죄자의 자식은 범죄자와 같은 취급을 받아야 하나? 재미동포가 저지른 범죄는 한국인 전체의 잘못인가? 아시아인이 저지른 과오는 아시아인 모두의 공동책임인가?

물론 누군가의 과오를 그가 속한 집단 전체의 잘못으로 확대하여 해석하는 것, 그에 대한 책임을 집단 전체에게 추궁하는 것은 매우 전통적이고 보편적인 현상이며, 과거부터 지금까지 빈번하게 반복되어 일어나는 일이기도 하다. 사람들은 언제나 표적을 필요로 하며, '집단'은 복잡하고 다단한 세상을 이해하기 쉽도록 압축시켜주는 역할을 한다. 그러나, 그것이 보편적이며 쉽게 일어날 수 있는 일이라고 하여 옳으냐고 묻는다면 결단코 그렇지 않다는 이야기를 하고 싶다. 인류에게 일어났던 수많은 비극은 대개 어떤 혐오의 감정이나 개인의 잘못을 특정 집단에게 덧씌우려 해서 일어난 경우가 대부분이었다.

개인주의자가 더 나은 세상을 만든다

요즘 유행인 MBTI 검사를 할 때마다 나는 잠시 멍해지곤 한다. 내가 멍해지는 순간은 다음의 질문이 등장했을 때. '타인에게 자신을 쉽게 소개할 수 있습니까?' 바로 이 질문 앞에서 나는 여러 상념에 빠진다. 나는 타인에게 자신을 쉽게 소개하는 사람이던가? 그러면 지금 만약 모르는 사람들을 만나게 되면 나를 어떻게 소개해야 하지? 뭐라고 설명해야 되지? 아 모르겠네. 지금까지는 대체 어떻게 소개해왔던 거지? 이러한 상념은 더 멀리 멀리 나아가 '과연 나는 누구인가'란 질문에까지 이른다.

그러고 보니 누군가를 만나 나를 소개하는 일은 단 한번도 쉬웠던 적이 없다. 생년월일을 말하면 될지, 고향을 말하면 될지, 출신학교를 말하면 될지, 직업을 말하면 될지, 경력을 말하면 될지, 결혼 여부를 말하면 될지, 자녀의 유무를 말하면 될지 혹은 취미나 취향에 대해 말하면 될지…. 그렇게 나는 오만 가지 생각을 하다가, 얼음으로 변했다가, 그저 내 이름 석 자만을 말하고 끝내고 만다. 그러면 상대방은 되묻는다. "그게 다인가요?" 나는 또다시 얼음이 된다.

물론 생년월일이, 성별이, 고향이, 출신학교가, 결혼 여부가, 자녀 유무가, 직업이, 경력이 나에 대해 아주 약간의 정보를 더해 줄 수는 있을 것이다. 하지만 나는 늘 궁금했다. 과연 그게 나라는 사람을 제대로 설명하는 것일까? 어쩌면 그럴 것이다. 그 모든 정보가 나를 구성하는 일부이니 말이다. 문제는 그게 나의 전부는 아니라는 사실이다. 그럼에도 그러한 정보값으로 내가 종종 '오판'되고는 한다는 사실이다.

대개의 사람들은 자신이 누구인지 제대로 알지 못하는 경우가 많고, 그리하여 자신이 누군지 알고자 끊임없이 애쓴다. 반면 타인에 대해서는 쉽게 규정짓는다. 성별, 학벌, 출신지, 결혼 여부 등으로 뭉뚱그려서 파악한다. 자신은 너무나 복잡한 반면, 타인은 너무나 단순한 대상으로 취급하곤 한다. 각각의 정보마다 특정한 값을 설정해둔 다음, 해당 값에 인물을 가져다 맞춘다. 물론 어떤 의미에서 매우 자연스러운 행동이다. 사람들은 바쁘고, 시간은 부족하니 말이다. 정보마다 특정 값을 설정하여 해당 값을 모두 더하는 것은 사람을 파악하는 가장 경제적인 방법일지 모른다. 그러나 문제는 그 정보 값이 편견과 선입견에 근거하여 틀린 경우가 매우 많다는 사실이다. 그리고 가장 경제적이라는 이유로 그러한 방법이 과연 옳은가 하면, 그렇게 도출해낸 결과값이 누군가를 정확하게 설명할 수 있는가 묻는다면, 그 또한 아니라는 것이다.

얼마 전 누군가가 이런 말을 했다. 요즘 시대에 성별 갈등이 심해서 큰일이라고. 역시 페미니즘이 문제라고. 인터넷에 득실거리는 흥분한 래디컬 페미니스트들의 해악을 좀 보라고. 글쎄, 그것이 과연 페미니즘 때문일까? 페미니즘만의 문제일까? 오히려 시대의 문제를 '페미니즘' 때문이라고 너무 단순하게 결론을 내린 것은 아닐까? 어떠한 이념 안에서 극단적으로 변한 개인을 찾는 것은 예나 지금이나 어려운 일이 아니다. 비단 페미니즘뿐만이 아니라 지역, 인종 등 온갖 지표를 둘러싼 모든 갈등 안에 '광신적인' 움직임이 있다. 이 세상 모든 남성에게는 원죄가 있다고 주장하는 극렬 페미니스트의 발언이 문제라면, 지금의 모든 갈등이 페미니즘 때문에 일어난다는 주장 역시 본질적으로 크게 다르지 않다는 뜻이다.

인간은 본래 불안한 존재이며, 불안한 개인은 내면에서 솟아나는 에너지와 충동을 잊기 위해 몰두할 대상을 찾아 자주 헤맨다. 그리고 대상을 찾아낸 이후에는 불안과 번뇌를 잊기 위해 자신의 모든 것을 의탁하거나 헌신적으로 돌변한다. 외적인 것에 초점을 맞춤으로써 불안한 자아를 잊고자 하는 것이다. 그 대상이 예술이

나 학업일 때는 긍정적인 결과물이 나오기도 하지만, 종교나 정치, 어떠한 이념이 되었을 때는 종종 큰 문제가 생겨나기도 한다. 과잉된 신념은 자기 자신을 잃어버리게 만들며, 스스로에 대한 혐오감과 증오는 자주 밖으로 뻗어나가기 때문이다. 결국 자아를 잃어버리고 집단에 의탁한 사람은 자신이 속한 집단에는 맹목적인 충성심을, 타 집단에는 격렬한 배척과 혐오감을 갖기 쉽다.

결국 집단과 무리에 기대려는 사람이 늘어날수록 사회 전체의 갈등과 분열은 심화될 수밖에 없다. 거꾸로 말하자면 우리 모두가 개인주의자가 된다면, 불안과 결핍을 잊고자 무언가에 의탁하려는 충동에서 벗어나 한 명의 개인으로서 우뚝 선다면, 사회의 많은 부분이 좀 더 개선될 수 있다는 뜻이기도 하다. 물론 세상은 복잡하고, 어떻게 하더라도 완벽한 사람은 없으며, 우리가 사는 이곳을 무결한 공간으로 만드는 것 또한 불가능하다. 그럼에도 우리 모두가 개인주의자가 되고자 지금보다 애쓴다면, 그러한 세상에 조금 더 근접해질 '가능성'은 있을 것이다.

개인주의자로 서기 위해 내게 던진 질문

물론 개인주의자가 되기는 쉽지 않다. 일단 자신이 누구인지부터 알아야 하며, 다른 이들 또한 그런 자신의 존재를 인정하고 지지해주어야 한다. 그렇기에 '개인'이 되는 것은 일종의 권력이기도 하다. 인종, 성별, 국적 등 태어나면서부터 주어지는 강제적인 조건 속에서, 그 뒤에 자주 따라붙곤 하는 특색으로 손쉽게 규정되지 않고, 입체적이고 복합적인 한 명의 개인으로 자리매김하는 것은 주로 '다수'의 구성원에게만 허락되는 경우가 많기 때문이다. 혹시 '이성애자 같은'이란 표현을 들어본 적이 있는가? '동성애자 같은'이라는 표현은 넘치도록 회자되는데 반하여 '이성애자 같은'이란 말을 하는 사람은 거의 없는 현실을 생각해보자.

지난 몇 년간 나는 내가 누구인지 알기 위해, 나 자신이 그 무엇으로도 '간단히' 규정될 수 없다는 사실을 다른 이들에게 설명하기 위해 노력해왔다. 그 과정에서 내가 얻은 결론은 나를 제대로 알기 위해서는 타인 또한 같은 방식으로 탐구해야 한다는 것이었다. 나만큼 타인 또한 입체적인 존재라는 것이었다. 나의 마이너한 정체성을 보호받기 위해서는 마찬가지로 타인의 그러한 부분 또한 보호해주어야 한다는 것이었다. 따라서 여기 실린 글들은 내가 한 명의 개인으로서 다른 개인을 이해하기 위한 시도인 동시에, 보다 많은 사람들이 개인주의자가 되었으면 하는 바람으로 쓴 것이라고 할 수 있다.

나는 종종 '당신은 페미니스트입니까?'라는 질문을 받는다. 내가 쓴 글에는 '페미'라는 딱지가 자주 붙는다. 페미니스트에게 지워지는 '낙인'을 거부하는 것이 싫어 주로 그렇다는 식으로 긍정적인 답변을 해왔지만, 솔직히 고백하자면 대답하고 난 뒤에 늘 고민에 빠지곤 했다. '페미'라는 '낙인'이 붙은 것이 억울해서가 아니라, 나 스스로를 그렇게 규정짓는 것이 망설여졌기 때문이다. '페미니스트'로서 적합한 행동을 하고 있는 것인지, '페미니스트'를 표방할 만큼 충분한 학술적 지식을 갖추었는지, '페미니스트'로서 치열하게 고민하고 나름의 철학을 갖추었는지 자신이 없었기 때문이다.

나는 여성의 인권이 다른 모든 사회 문제 가운데 최우선의 해결 과제라고 생각지 않으며, 오로지 여성 문제에만 집중하지도 않는다. 페미니스트를 표방하기엔 페미니즘 자체에 대한 공부도 많이 부족하다. 다만 그럼에도 끊임없이 페미니즘과 관련된 목소리를 내온 것, 페미니스트냐는 질문에 그렇다는 대답을 할 수밖에 없었던 것, 앞으로도 계속해서 페미니즘에 우호적인 입장에 설 수밖에 없는 것은 내가 다름 아닌 여성이기 때문이다. 여성에게 지워진 사회적 편견이나 억압 아래에서 여성이 개인으로서 홀로 서기 위해서는 여성이 직면한 문제를 파고들 수밖에 없으며, 그 과정에서 페미니즘이라는 통로를 거쳐가는 것은 필연처럼 느껴진다.

이런 말을 하면 역시 페미니즘은 여성만을 위하는 것이라거나, 여성이 아닌 사람들은 관심을 둘 필요가 없는 의제라고 생각할지 모르겠다. 그러나 그것은 오해이다. 페미니즘은 결국 여성이라는 마이너한 정체성을 가진 이들이 개인주의자가 되기 위한 통로이며, 이는 다른 모든 소수자의 정체성과 연결되기 때문이다. 나에게 있어서는 '성별'이었으나 누군가에게는 성적 취향, 다른 누군가에게는 신체적 조건, 또 다른 누군가에게는 지역적 편견이 일종의 굴레가 될 것이다. 이러한 굴레에서 벗어나 '개인'이 되기 위해서는, 모두가 궁극적으로 개인주의자가 되어야 하며, 마찬가지로 다른 개인들과 연대하는 과정이 필요하다.

다정한 무관심을 꿈꾸며

기억도 나지 않을 만큼 아주 오래전에 그런 글을 읽었다. 외국에 여행을 간 글쓴이는 타인의 일거수일투족에 관심이 많은 한국과는 다르게 사람들이 서로에게 굉장히 무관심하다는 사실에 깜짝 놀랐다고 한다. 서로 무엇을 입었는지, 어떤 행동을 하는지, 어떻게 말하는지에 대해서도 신경쓰지 않고, 신체를 불필요하게 훑어보거나, 얼굴을 빤히 바라보거나, 요청하지 않은 조언을 건넨다거나 하는 일도 없었다고 한다. 신기한 지점은 그러던 어느 날 글쓴이가 길을 걷다 다리를 헛디뎌 넘어지자 평소 무관심한 것처럼 보였던 행인들이 순간 사방에서 다가와서 괜찮냐고 물었다는 부분이다. 그러면서 그는 말했다. 자기에게 관심 따위 하나도 없는 줄 알았는데 실은 다 보고 있었다는 것, 곤경에 처한 것 같으니 다들 도와주려고 나섰다는 부분이 매우 인상적이었다고.

외국의 시민들은 우리와 다르게 선진적이라거나, 개인주의 부분에서 더 앞서 나간다거나 하는 주장을 위해 이 이야기를 꺼낸 것은 아니다. 어디서 봤는지 잘 기억도 나지 않는 것으로 보아 어쩌면 여기저기서 들은 사례를 내 멋대로 머릿속에서 재조합해낸 것인지도 모른다. 실제로 내가 경험한 외국은 한국과 크게 다르지 않았다. 더 친절하고 예의 바른 사람도 있었지만 더욱 무례하고 인종차별적인 사람들 또한 적지 않았다. 그럼에도 이 이야기를 끌고 온 것은, 우리 모두에게 바로 위와 같은 태도가 필요하지 않나 싶었기 때문이다. 서로에게 일정한 거리를 지키며, 간섭과 참견을 하지 않는, 나와 다른 타인의 개성을 그대로 받아들이는, 적당한 무관심의 사회. 그러면서도 곤경에 처한 사람을 그냥 보아 넘기지 않는, 약자와 소수자에게 적극적으로 손을 내미는 것을 잊지 않는, 서로에게 다정한 사회. 우리 모두에게 필요한 것은 아마도 이와 같은 '다정한 무관심'이 아닐까.

물론 '다정한 무관심'의 태도를 갖추는 것은 결코 쉽지 않다. 나에게도 마찬가지이다. 나는 어떤 순간에는 '다정한' 태도를 갖는 데 실패하고, 또 다른 순간에는 '무관심'해지는 데 실패하기도 한다. 다정한 마음과 당사자의 개성을 인정하는 형태의 무관심을 적절히 조율하는 것은 늘 어렵다. 영원히 성공하지 못할지도 모른다. 하지만 어려운 가운데서도 내가 그것을 포기하지 않는 것은, 끊임없이 개인주의와 다정한 무관심을 '연습'하며 익혀 나가려는 것은, 궁극적으로 그러한 태도가 나와 세계에 도움이 된다고 여기기 때문이다. 그것을 통해 내가 좀 더 나다워질 수 있고, 동시에 타인에게도 관대해질 수 있으며, 나에게 주어진 이 길면서도 짧은 생이 좀 더 의미있어진다고 여기기 때문이다.

이 책을 읽는 분들이 한 명의 '개인'으로 우뚝 설 수 있는 힘을 얻기를 바라며, 사랑과 용기를 담아.

2021년 6월
한승혜

1

포함과 배제를 넘어
개인으로 서기

분홍색이
좋을 수도 있잖아

한 트위터리안이 자녀의 물건을 마음대로 버려 화제가 된 적이 있다. 아홉 살짜리 딸이 어린이용 화장품을 선물받았는데, 아이는 무척 좋아했으나 너무 어린 나이부터 여성성에 대해 그릇된 인식을 가지게 될까 걱정이 되어 폐기 처분할 수밖에 없었다는 내용의 트윗을 누군가 올렸고, 거기에 수많은 사람이 의견을 더하며 논란으로 번진 것이다.

어떤 이는 고작 아홉 살짜리 아이를 대상으로까지 여성성을 상품화하는 상술이 끔찍하다며 해당 트위터리안의 행동을 칭찬했고, 또 다른 이는 아이의 물건을 부모가 마음대로 처분하는 것은 매우 폭력적인 행동이라며, 요즘 페미니스트를 보면 마치 광신적 종교인을 보는 것 같다고 비판하기도 했다. 당시 그러한 논란을 지켜보는 내 마음은 뭐라 설명할 수 없이 복잡했다. 양쪽의 말이 모두 일리가 있기에 섣부른 결론을 내리기 어려웠다.

나에게도 어린 시절 자주 가지고 놀던 소중한 인형을 엄마가 마음대로 버려 화가 났던 기억이 있다. 엄마 입장에서는 집 안 정리를 위한 어쩔 수 없는 선택이었을 테지만, 나에게는 나름 충격과 상처가 컸다. 그렇기에 아이의 장난감을 마음대로 처분한 부모의 행동에 대한 비판이 충분히 납득이 갔다. 어른들 눈에는 대단찮은 잡동사니를 마치 보물처럼 간직하는 우리집 아이들을 떠올려보니 엄마가 마음대로 물건을 버려 속상했을 아이에게 마음이 쓰였다.

공주 이야기가 만들어낸 무의식

다른 한편으로는 화장품을 버린 부모의 심정에 공감이 가기도 했다. 나 역시 너무 어린 나이부터 아이들에게 성별 고정관념을 학습시키고 싶지 않다. 그렇기에 평소에도 종종 사람들이 우리집 아이들을 보며 "역시 얘는 아들이라 활달하군요" 혹은 "역시 딸은 다르군요" 등의 말을 했을 때 정색을 하며 대답하곤 한다. "아들이라 그런 게 아니라 그냥 활달한 거예요", "딸이라 다른 게 아니라 그냥 이 아이가 그렇습니다"라고 말이다.

솔직히 말하자면 앞으로도 영영 그럴 마음이 없다. "여자다운" 혹은 "남자다운"이라는 말로 설명되는 가치를 아이들에게 학습시키고 싶지 않다. "여성이 화장을 안 하는 것은 결례"라는 말을 듣거나 짧은 머리를 하고 면접에 임했다가 "혹시 페미니스트인가요?" 같은 질문을 받게 되는 요즘 상황에서는 더더욱 그러하다. 먼 훗날 아이들이 성인이 되어 혹여라도 성별 고정관념이나 편견 때문에 곤란을 겪거나 고통을 받는 일이 가능한 없기를 바란다.

같은 선상에서 딸에게 '공주' 이야기를 나서서 들려주거나 만화를 보여주는 일 또한 거의 없다. 어떠한 편견이나 고정관념도 형성시키고 싶지 않기 때문이다. 어릴 적 나는 인어공주, 백설공주, 신데렐라, 잠자는 숲속의 공주, 콩쥐와 팥쥐 등 공주와 관련된 세계의 온갖 동화를 듣고 자랐다. 그러니까 아름다운 공주가 곤경에 처하면 백마 탄 왕자가 나타나 구해주는 이야기 혹은 왕자로부터 구원을 받기 위해 공주는 아름다워야 한다는 생각을 암묵적으로 주입시키는 이야기들 말이다.

다소 극단적으로 말하자면 내가 20대 중반까지만 하더라도 '일생일대의 사랑'이 존재한다고 믿었던 것은 어쩌면 그 때문인지도 모른다. 여성에게 있어 '이성애적 사랑'이 삶에서 가장 중요한 가치라 생각하고, 백마 탄 왕자가 언젠가 나타나 나를 구원할 것이라는 믿음을 포기하지 못했던 이유에 대해 '공주' 이야기에 어느 정도 지분이 있다고 한다면 지나친 비약일까. 시련에 처한 공주와 그를 구하러 오는 영웅 이야기를 수도 없이 반복해서 들으며 자라는 사이 알게 모르게 나의 무의식으로 내면화한 것이다.

문제는 아이가 그러한 콘텐츠를 보고 싶다며 찾거나 혹은 공주풍 의상을 입고 싶다며 사 달라고 조를 때다. 그럴 때 내 마음은 엄청난 갈등 상태에 처한다. 관련 콘텐츠를 보여주거나 의상을 사 주는 자체는 어렵지 않지만, 그 과정에서 혹여라도 공주를 너무 선망하게 되면 어쩌지? 누가 구해주러 오기만을 기다리는 사람이 되면 어쩌지? 어릴 적 나처럼 성별 고정관념을 내면화하면 어쩌지? 여성성에 집착하거나 그로 인한 압박을 느끼게 되면 어쩌지? 그러다 자신의 미래에 일찍이 한계와 선을 긋고 절망하는 일이 생기면 어쩌지? 이런 걱정이 드는 것이다. 한편으로는 무작정 안 된다고 말하는 것 또한 망설여진다. 그렇다면 공주 이야기는 무조건 나쁜 것인가? 레이스와 프릴이 잔뜩 달린 공주풍 의상을 여자아이는 결코 입어서는 안 되는 것인가?

분홍과 파랑을 넘어서야 할 때

여자아이라는 이유로 무작정 공주 이야기만 보여주고 공주풍 의상만 권하는 것은 당연히 바람직하지 않겠지만, 반대로 그렇기 때문에 여자아이에게 공주 이야기와 공주풍 의상을 무조건 금지하는 것 또한 어딘가 이상하다. 아이 입장에서는 공주풍 옷이 그냥 마음에 들어서 입고 싶을 수도 있는데. 공주가 등장하는 이야기에 재미를 느끼고 취향에 맞아서 찾는 것일 수도 있는데. 어쩌면 남자아이가 공주 영상을 보겠다고 하거나 공주 의상을 입겠다고 할 때 '그건 남자답지 못해서 안 돼!'라고 제약을 가하는 것과, 여자아이가 같은 주장을 할 때 '그건 지나치게 여성성을 강조하는 거라서 안 돼!'라고 제한을 두는 것은 본질적으로 같은 행위일지도 모른다. 성별 고정관념을 극단적으로 추구하는 것과, 그것을 극단적으로 거부하는 것 모두 성별 고정관념에서 벗어나지 못했다는 지점에서는 마찬가지이기 때문이다.

세간에서 여성성을 상징하는 것으로 대표되는 '분홍색' 혹은 '코르셋'에 대한 반응을 두고서도 이와 유사한 방식으로 생각해볼 수 있다. 코르셋은 흔히 사회적으로 여성에게 강요되는 성별 고정관념의 굴레와 압박을 의미한다. 성별 고정관념을 극단적으로 거부하는 이들은 여자아이에게 분홍색을 입히는 행동을 경원시한다. 여성에게는 '여성스러움'을 상징하는 분홍색 대신 '남자의 색'인 파랑 혹은 검정을 권장한다. 성인 여성에게도 마찬가지여서 여성이 분홍색 옷을 입거나 자신의 여성성을 강조하는 긴 생머리에 스커트를 입는 것은 지적으로, 그리고 여성주의적으로 매우 게으른 행동이라며 비판한다. '탈코르셋'을 하지 못했다고, 여성에 대한 성별 고정관념을 강화하는 행동이라며 비난한다.

하지만 여성이 분홍색 옷을 입거나 '여성스러운' 착장을 선호하는 것을 무조건 비판하는 행위는 여자아이에게 공주 이야기나 공주풍 의상을 무조건 금지하는 것과 마찬가지라고 할 수 있다. 남성이 분홍색 옷을 입는 것은 성별 고정관념에 반하는 것이므로 권장할 만한 일이고, 여성이 분홍색 옷을 입는 것은 성별 고정관념에 부합하는 것이므로 반대해야 마땅한 일인가? 그렇다면 분홍색 옷이 여성스럽다는 고정관념과 무관한 지역으로 가보면 어떨까. 성별 고정관념 또한 문화별로, 지역별로, 그리고 시대별로 조금씩 차이가 나는데, 이곳에서는 분홍색이 여성에 대한 고정관념에 부합하지 않으므로 옳은 것이고, 저곳에서는 분홍색이 여성에 대한 고정관념을 상징하므로 나쁜 것일까?

탈코르셋이든 드레스든

무엇이 여성성을 상징하는지에 지나치게 몰두하는 것은 역설적으로 성별 고정관념에 대한 집착과 그것을 의도치 않게 강화하는 행위로 이어질 수 있다. 여성주의에서 탈코르셋을 응원하고 권장하는 이유는 그것이 여성들에게 다양한 선택을 보장해주기 때문이다. '여성은 무조건 어때야 한다'는 획일적인 기준에서 벗어나 여성이 진정한 자신의 취향을 발견할 수 있도록 도와주기 때문이다.

그렇기 때문에 최근 일부 극단적 여성운동을 하는 이들이 '탈코르셋'을 하지 않은 이들을 비난하는 행위는 옳지 않다. '탈코르셋'은 어디까지나 여성 개개인이 사회적 압박에서 벗어나 진정한 자유와 해방감을 맛보는 데 의의가 있을 뿐, '여성적인' 것으로 상징되는 기표를 전면 부정하고 없애는 것이 목적이 아니기 때문이다. 획일화를 거부하고자 시작된 운동이 또 다른 획일화의 강요로 이어지는 것은 곤란하다. '긴 생머리'에 대한 강요에 저항하기 위해 거꾸로 '짧은 머리'를 강요하는 것은 올바른 해답이 될 수 없다.

같은 선상에서 아이가 선물받은 어린이용 화장품을 '코르셋'에 대한 걱정 때문에 처분한 트위터리안의 행위에 나는 찬성할 수 없다. 비록 그러한 행위를 하게 된 배경과 목적, 우려에는 십분 공감함에도 말이다. 어쩌면 화장품을 무작정 버리기 전에 아이에게 이야기하고 선택할 기회를 줄 수도 있었을 것이다. 어린이용 화장품을 써보고 싶으면 써도 된다고. 다만 화장과 여성 사이에는 사회적으로 이러한 관계가 있다고. 때로는 화장품이 여성에게 즐거움이 될 때도 있지만, 어떤 압력과 굴레가 될 때도 있다고.

다시 나의 이야기로 돌아가면, 딸이 공주 이야기를 들려달라거나 공주 의상을 입고 싶다고 할 때 고민하다가 결국 보여주거나 입혀주는 경우가 많다. 아이의 선택과 결정을 존중하기 때문이다. 하지만 한편으로는 당부의 말을 잊지 않기도 한다. 흔히 우리가 보고 들어왔던 공주 이야기 속 공주들이 얼마나 무력한 존재로 그려졌는지에 대해서. 이 세상에 더 재미있고 더 흥미로운 이야기가 얼마나 많은지에 대해서. 그러한 말들이 향후 딸의 선택에 어떤 영향을 미칠지는 솔직히 말해 잘 모르겠다. 다만 내가 원하는 것은 아이가 다양한 선택지를 앞에 두고 자신의 취향을 갖는 것이다. 그런 가운데에서 타인의 취향도 존중할 줄 아는 아이가 되는 것이다. 그러면서 성별에 지배받지 않는, 한 명의 개인으로 자라나는 것이다.

여대는
'그러라고' 있는 곳이 아니다

누구든 어떤 일이든 할 수 있다. 아주 간단해 보이지만, 그 심리적 효과는 엄청나다. 17~35세의 모든 사람이 '출산에 묶일' 수 있다는 사실이 이곳에서는 다른 세계의 여성들처럼 생리적, 육체적으로 완전히 출산에 '묶일' 일이 없다는 것을 뜻한다. 부담과 특권을 거의 동등하게 나누어 가지며, 모든 이가 선택에 대한 똑같은 위험을 안고 있다. 그러므로 다른 세계의 남성들처럼 홀가분하고 자유로운 남성들도 없다.

−어슐러 르 귄, 《어둠의 왼손》

어슐러 르 귄의 SF 소설《어둠의 왼손》은 '게센'이라는 가상의 행성을 배경으로 하는데, 이곳에서는 가임기에 있는 사람들의 성별이 매달 랜덤으로 바뀐다. 즉 이달에는 여성이었던 사람이 다른 달에는 남성이 될 수도 있으며, 반대로 이전까지 남성이었던 인물이 바로 다음달 여성으로 변하는 것도 가능하다. 당사자들조차 자신이 어떤 성별이 될지를 정확히 알지 못한다. 그래서 그들은 여자도 아니며 남자도 아니다.

지구는 아니지만 성별이 확연히 구분되어 있는 행성에서 살던 주인공 겐리 아이는 이런 게센인들을 보며 매우 큰 혼란을 느낀다. 때로는 남성처럼, 때로는 여성처럼 보이는 그들 앞에서 무엇을 근거로 어떤 판단을 내리고 어떻게 행동해야 할지 쉽게 결론을 내리지 못하는 것이다. 심지어 성기가 늘 돌출되어 있고 언제든 성교를 할 수 있는 겐리 아이는 그들의 기준에 따르면 성도착자나 다름없는 상황이므로 더욱 그렇다.

이처럼《어둠의 왼손》은 성차가 존재하는 세계의 사람이 성차가 없는 곳에서 겪는 에피소드를 통해 성별에 투영된 우리 사회의 고정관념을 자연스레 깨우쳐준다. '여성스러움' 혹은 '남성스러움'이란 무엇인지, 사실상 그런 특성이 존재하기나 하는지, 성욕은 또 무엇인지, 개인의 성향과 성차를 어디까지 구분 지을 수 있는가에 대한 심도 있는 고민과 함께. 무척 흥미로운 작품으로 나 역시 아주 재미있게 읽었다.

성별이 사라진 세상

사실은 우리가 사는 현실 세계에도 이와 비슷한 사회가 있다. 다름 아닌 여자대학이다. 나는 국내 여자대학 중 한 곳을 졸업했는데, 오늘날 여대의 존치 여부를 두고 논란이 분분하지만("예전처럼 여자는 무조건 공부를 못하게 하는 세상도 아니건만 여자대학이 뭐 하러 필요해?", "여성만 갈 수 있는 대학이라니 역차별이다!!" 등) 여전히 우리 사회에 있어 필요성이 큰 존재라 생각한다.

왜냐하면 여자대학 역시 앞서 언급한 르 귄의 소설 속 게센 행성과 같이 성별이 지워진 세계이기 때문이다. 총학생회장도 여성, 학생회도 전원 여성, 과대표도 여성, 선배도 여성, 후배도 여성, 동기도 여성인 공간. 상냥한 친구, 권위적인 선배, 무례한 후배, 날라리, 모범생, 똑똑한 사람과 어리석은 사람이 모두 여성인 곳. 권력을 가진 자와 갖지 못한 자, 내가 좋아하는 사람과 싫어하는 사람, 나에게 호의를 품은 사람과 적의를 품은 사람이 모두 여성인 세상.

이처럼 모두가 여성으로 구성된 여대에서는 타인을 판단하는 잣대 중 성별이라는 기준이 아예 사라져버린다. 살면서 무수히 경험하고 들었던 "여자가 어떻게", "여자라서" 혹은 "여자니까"의 이유가 무의미해지는 것이다. 이런 세계에서 여성들은 자연스레 스스로의 성별에 대한 고정관념에서 벗어나게 된다. 한계에 얽매이지 않고 보다 자유로운 사고를 하게 된다. 마치 《어둠의 왼손》에 등장하는 게센인들과도 같이, '어떤 일이든 할 수 있게' 되는 것이다.

같은 선상에서 여대는 여성들 스스로가 가진 다양한 층위를 깨닫게 하는 역할도 할 수 있다. 흔히 성차가 사라지면 사회의 모든 문제가 해결되리라 여기는 사람들이 있지만, 실제로는 '여성'이라는 장막을 한꺼풀 걷어낸 뒤에도 경제적으로, 신체적으로 또는 문화적으로 여전히 다양한 차별이 남는다. 그러므로 이런 세계를 경험한 여성들은 개인의 정체성이 매우 복합적인 결로 이루어져 있다는 것을, 자신이 상대적으로 약자일 수는 있으나 언제나 그럴 수는 없다는 사실을 알게 된다.

여성을 보호하기 위해
트랜스젠더 여성을 혐오하는 현실

최근 트랜스젠더 여성의 사회적 위치를 두고 다양한 의견이 오고 간다. 특히나 지난해에는 트랜스젠더 여성의 여대 입학을 두고 논란이 분분하기도 했다. 나로서는 솔직히 이런 논란이 있다는 사실 자체가 놀라웠다. 성 정체성을 확립하기까지 심각한 고민을 해왔던 사람이 조금이라도 정체성의 고민을 덜 수 있는, 젠더 고정관념에서 벗어날 수 있는 여자대학을 택하는 것은 매우 자연스러운 수순이며, 법적으로 그리고 신체적으로 여성인 사람을 거부할 이유가 전혀 없다고 여기기 때문이다. 그런데 이를 두고 사뭇 다른 의견을 가진 사람들도 있었던 모양이다. 특히 해당 여대의 재학생들 중 일부가 그러했는데, 개중에는 대자보를 붙이고 성명서를 발표하는 등 예상 이상으로 강경한 반응을 보이는 이들도 적지 않았다.

당시 이들은 한목소리로 말했다. 성별은 임의로 바꿀 수 없으며, 여대는 오로지 여성만을 위한 공간이라고. 남성으로서의 권력을 누리며 안락하게 살다가 돌연 여자가 되기로 결심한 사람을 위해, 즉 '내키는 대로' 성별을 선택한 사람을 위해 우리가 불편을 감수하고 희생해야 할 이유는 없다고. 남자로 살아온 사람이 여자가 되는 것은 불가능하다고. 트랜스젠더는 여성을 혐오하고 위협하며 범죄를 저지른다고. 심지어 개중에는 트랜스젠더 여성을 여성들 사이에 '침투'하기 위해 수술을 한 남성으로 보는 시각도 있었다.

단지 여성들 사이에 '침투'하기 위해 인생을 걸 정도의 대수술을 감행하는 사람이 있을지, 스스로를 여성으로 정체화한 사람이 과연 남성으로 태어났다고 호모소셜에서 파생되는 권력을 충분히 누리며 살 수 있었을지, 트랜스젠더 여성과 지내는 것이 대체 어떤 실질적 '불편'을 초래하는지, 트랜스젠더 여성과 시스젠더[*] 여성 중 누가 저지른 범죄가 더 많을런지에 대한 의문은 차치하고라도, 나는 그와 같은 목소리를 냈던 사람들이 이번 기회에 다시 한번 생각해보았으면 한다. 여대의 의의와 역할에 대해서, 성별과 젠더에 대해서, 강자와 약자에 대해서, 인간이 가진 폭력성과 힘에 대해서도.

---

* 시스젠더(cisgender): 타고난 생물학적 성과 젠더 정체성이 일치하는 사람을 이른다.

그들은 트랜스젠더보다 여성의 인권이 훨씬 열악하다고 말하지만, 현실은 결코 그렇지 않다. 입학허가가 난 대학에 들어가는 것조차 이토록 뜨거운 이슈가 되는 상황을 보라. 논란의 중심에 섰던 트랜스젠더 여성은 결국 반발에 부딪혀 입학을 포기하고 말았다. 안타까움을 금할 수 없는 한편, 결국 올 것이 왔다는 생각도 들었다. 자신에 대한 거부 의사가 이렇게나 명확한 이들 속에서 지속적으로 버티는 것, 자신을 향한 혐오의 중심으로 걸어들어가는 것은 그 누구에게도 쉽지 않은 일이었을 테니 말이다.

트랜스젠더 여성의 입학에 대해 누구보다도 강력한 의견을 표출했던 단체들은 여성은 오로지 여성이기 때문에 핍박을 받고 목숨을 잃고 폭력의 피해자가 되어 왔다고 이야기하지만, 실상 여성은 피해자뿐만이 아니라 가해자도 얼마든지 될 수 있다. 위와 같이, 여성을 보호하겠다는 이유로 트랜스젠더 여성을 공격하고 비난하여 결국 쫓아내고 만 사건에서 볼 수 있듯이 말이다. 젠더와 성차의 굴레를 벗어나기 위해 존재하는 공간에서 그들은 어느 누구보다 젠더와 성차에 집착하며 약자에 대한 혐오를 휘두르고 있었다. 물론 여성도 인간이며, 인간인 이상 누구든 폭력의 가해자가 될 수 있으므로 그 자체는 놀라운 일이 아니다. 그럼에도 다시 한번 말하지만, 여대는 '그러라고' 존재하는 곳이 아니다.

정치하는
여성들

지난해 FX on Hulu에서 방영한 뒤 국내에서는 왓챠에서 스트리밍 서비스 중인 〈미세스 아메리카〉는 1970년대를 배경으로 한 미국 드라마다. 성평등 헌법 수정안(ERA:Equal Rights Amendment)*을 둘러싼 진보와 보수 진영 간의 정치적 갈등을 주된 테마로 다루며, 기혼, 비혼, 이혼, 무자녀, 유자녀, 워킹맘, 전업주부, 지식인,

---

* ERA(Equal Rights Amendment, 성평등 헌법 수정안). 이 수정안은 1923년에 조항이 초안되어, 1972년에 미국 의회에서 통과되었지만, 1982년 정식 통과를 위해 필요했던 미 전체 50개 주의 3/4에 해당하는 38개 주의 비준을 얻는 데 실패하여 결국 부결되었다. (출처: 위키백과)

노동자, 고용주, 고용인에 이르기까지 온갖 처지의 여성들을 주요 캐릭터로 전면에 내세운 것이 특징이다. 흔히 '정치' 하면 남성들의 전유물로 여기고 여성은 배경으로 치부하거나, 남성 정치인의 애인이나 어머니 정도의 지위만 부여했던 기존의 영화나 드라마와 다르게 말이다. 평소 드라마를 잘 보지 않는 내가 보자마자 흠뻑 빠져든 뒤 만나는 사람마다 붙들고 이 드라마의 '멋짐'을 설명하려 애썼던 까닭은 아마도 그 때문이었을 것이다. 이처럼 입체적이고 다양한 여성 캐릭터를 부각시킨 작품이 이제껏 없었기 때문에.

너무나 현실적인 캐릭터와 스토리

드라마 속 다양한 상황에 놓인 여성들은 각자의 환경과 관심사에 따라 정치적인 의견이 판이하게 갈리는데, 이들이 갈등하는 모습을 보고 있노라면 현재에도 과거에도 여성들은 그저 남성들이 하는 일을 지켜보면서 그대로 '가만히 있기만' 하지 않았으며, 흔히 '내조'라는 한 단어로 뭉뚱그려 설명되던 여성들의 활동은 각자 서 있는 위치와 환경에 따라 모두 다른 색채를 지녔다는 사실, 그들 모두 나름의 목소리를 내고 각자의 자리에서 자신들이 할 수 있는 최선의 활동을 지속해왔다는 것을 알게 된다.

실제로 드라마 속에서 보수 진영의 전업주부를 주축으로 구성된 단체인 '이글스 포럼'은 시간이 흐르면서 나름의 세력을 형성하는데, 이들의 리더인 필리스 슐래플리는 막강한 영향력을 바탕으로 훗날 레이건이 당선된 미 대통령 선거에서 큰 역할을 하기도 한다. 말하자면 흔히 '페미니스트'라는 호칭을 획득한 전문 활동가나 직업 정치인이 아니더라도, 지극히 평범한 시민, 그중에서 가장 조용하며 무력한 존재로 취급받았던 전업주부들 또한 알고 보면 나름대로의 정치적 행위를 하고 있었다는 이야기다.

그러한 과정에서 각각의 인물들이 갈등하는 양상은 마치 현실에서 벌어지는 일들을 그대로 옮긴 듯하여 시공간을 초월하는 인간사의 보편성을 보여주기도 한다. 예를 들어 당대의 유명한 페미니스트인 베티 프리단은 떠오르는 페미니스트인 글로리아 스타이넘의 유명세와 인기를 시샘하는 것으로 그려지며, 여성 또한 모순적이고 흠결을 지닌 존재임을 부각시킨다. 한편으로는 스스로 자신의 모순을 직시하고 괴로워하는 모습을 보여줌으로써 그들이 끊임없이 나아지고자 애썼다는 사실에 주목하기도 한다.

한편 페미니스트의 아이콘과 같았던 글로리아 스타이넘에게 있어서 가장 중요한 정치적 이슈는 '낙태'로, 그녀는 한 에피소드에서 '낙태죄' 폐지 조항이 포함되지 않는 한 선거에서 민주당을 지지할 수 없다고 선언한다. 그러자 민주당에서 일하는 동료인 벨라는 말한다. 그래도 민주당이 집권해야 장기적으로 상황이 개선될 여지가 있으므로 이번에는 조금 양보하라고. '대의'를 위해 '욕심'을 버리라는 충고, 파도가 밀려오는데 조개나 줍고 있을 것이냐는 물음, '나중'을 위해 지금은 일단 양보하라는 조언. 볼수록 어디선가 많이 본 듯한 상황, 어디선가 많이 들어본 대사이지 싶다.

물론 갈등은 페미니스트 사이에서만 일어나지 않는다. 보수 진영의 여성들 또한 각자의 정치적 욕구에 따라 끊임없이 갈등한다. 개중에는 그저 '안정적인 가정'이 모든 욕구의 최우선인 여성도 있고, 극우적 가치관을 지닌 인종차별주의자도 있으며, 비록 보수적인 가치관을 추구하지만 보편 인권에 관심이 많아 인종차별 등에는 단호히 맞서 싸우는 이들도 있다. 이러한 갈등이 어느 하나 대충 넘어가는 법 없이 매번 섬세하고 세심하게 그려진다. 일종의 '악역'을 맡고 있는 안티 페미니스트에게조차 이러한 시선과 비중이 공평히 뻗어나간다는 점은 이 드라마의 큰 미덕이다.

특히나 안티 페미니스트 그룹의 선두라 할 수 있는 필리스 슐래플리에 대해서는 'ERA를 저지하려던 사악한 마녀' 혹은 '페미니스트의 적'과 같은 프레임을 씌우는 대신, 그가 어떠한 욕구를 가졌었는지, 어떤 방식으로 그것을 실현하려 했는지, 그것을 위해 어떤 고민을 했고 어떤 갈등을 겪었는지를 보여주며, 정치적 야망을 위해 모순된 선택을 거듭할 수밖에 없었던 한 여성의 고뇌, 번민, 그로 인해 비틀리는 자아를 보여주는 등 대단히 입체적인 서사를 부여한다.

여성은 오로지 여성을 위해 연대한다?

그래서일까. 나로서는 보는 내내 슐래플리에 대해 대단히 복잡한 감정을 가질 수밖에 없었다. 극 중에서 여성 인권에 해로운 역할을 한 그를, 자신의 권익을 위해 여성 전체의 인권 향상은 발 벗고 나서 저지하려고 했던 그를 딱히 미워할 수만은 없었던 것이다. 특히나 "살면서 여자라는 이유로 단 한 번도 차별 받은 적이 없다"고 당당히 말하는 슐래플리가 남성 정치인들과의 모임에서 마치 속기사와 같은 취급을 받으며 어정쩡하게 물러서는 장면, 보수 진영을 위해 헌신한 그가 마지막 순간 '보다 크고 중요한' 정치적 이유로 집권세력에게 버림받는 장면, 그 뒤 고통을 감추고 사과 파이를 만들며 스스로를 다독이는 장면을 볼 때는 궁극적으로 페미니즘 이슈와 여성 진영을 위해 잘된 일이라는 것을 알면서도, 한참 동안 마음이 아파 오래도록 해당 장면을 곱씹기도 했다.

훗날 다른 이들과 이야기를 나누어본 결과, 이러한 감상을 느낀 것은 비단 나뿐만이 아니었다. 드라마를 본 모두가 개별 캐릭터에 대해 복잡다단한 심경을 느꼈다고 한다. 특히나 슐래플리에 대해서는 비판적이되 비판적이기만 할 수 없었다고. 관객이 여성주의에 관해 '악역'일 수밖에 없었던 슐래플리에 대해 이처럼 복잡한 감정을 가지게 된 이유는 드라마가 슐래플리를 포함하여 여성 캐릭터들을 그만큼 공정하게 대했기 때문일 것이다. 어느 한 명 빠짐없이, 어떤 정치적 의견에 치우침도 없이, 고정관념이나 편견이나 스테레오 타입을 부여하지 않고, 그저 한 명의 인간으로서 그들을 조망한 것이다. 여성을 이리도 공정하고 공평하게 대해준 서사가 여태 얼마나 있었던가 싶다.

이처럼 〈미세스 아메리카〉는 등장하는 모든 인물이 입체적이며, 모든 에피소드가 흥미로웠던, 참으로 보기 드문 드라마였다. 그렇기에 〈미세스 아메리카〉를 보면서 시청자들은 자연스레 느끼게 된다. '여자의 적은 여자'라는 말도 사실이 아니고, '여성은 오로지 여성만을 위해 연대한다'는 이야기도 사실이 아니며, 오로지 각자의 입장과 상황과 처지에 따라 최선의 방편을 추구하는 정치적인 여성들만이 존재한다는 사실을, 여성 역시 남성과 마찬가지로 한 명의 정치적 '개인'일 뿐이라는 사실을 말이다.

너 몇 살이야?

첫째를 낳고 육아카페에 가입하려는데 카페의 규칙이 이러했다. 첫째, 가입 후 간단한 자기소개를 할 것. 둘째, 아이디는 닉네임 뒤에 출생연도를 붙일 것. 지역을 기반으로 하는 육아커뮤니티 특성상 자기소개야 응당 요구할 법하지만 나이까지 밝히라는 것은 좀 너무하다는 생각이 들었다. 굳이 나이를 밝혀야 할 이유도 알 수 없었고. 고민 끝에 운영진에게 메일을 보내어 물었다. 출생연도는 엄연히 개인 정보이고, 육아와는 별 관계없는데 생략하면 안 되느냐고. 별로 밝히고 싶지 않다고. 얼마 안 있어 운영진의 친절한 답장이 돌아왔다. 우리 카페에는 육아에 대한 조언을 필요로 하는 사람도 있지만 부모끼리 친구가 되길 원하는 사람도 많답니다. 친구를 만들기 위한 차원이므로 나이를 '반드시' 밝혀주세요.

오래전 일이 새삼 떠오른 까닭은 아이 때문이다. 올해 일곱 살인 아들은 친화력이 무척 좋다. 놀이터에서, 공원에서, 여행지에서, 또래를 보면 서슴없이 말을 붙이고 친해진다. 얼마 전에는 버스에서 옆자리에 앉은 아이하고까지 대화를 시작했다. 이렇게 아이가 새로운 친구를 사귀는 모습을 지켜보다가 문득 신기한 사실을 알게 되었다. 아이들마다 한결같이 똑같은 질문으로 말문을 연다는 것이다. 상대 쪽에서 말을 걸어올 때도 그렇고, 우리 아이가 먼저 말을 시킬 때도 그렇다. 간혹 예외가 없지 않으나 그런 경우 역시 중간에 한 번쯤은 반드시 해당 질문이 등장한다. 그 질문이란 다름 아닌 이것이다. "너 몇 살이야?"

한번은 아이에게 물어봤다. "왜 나이를 물어보는 거야?" 아들은 당연한 걸 묻느냐는 듯 눈을 동그랗게 뜨고 대답했다. "그래야 형인지 친구인지 동생인지 알지!" 아이의 대답에 머리가 띵 하고 울리는 듯한 느낌이 들었다. 아들은 이미 나이에 따라 호칭이 바뀌고, 호칭에 따라 관계가 달라진다는 것을 인식하고 있었다. 이렇게 어린아이들까지 서열 문화의 영향 아래 놓여 있었구나 싶어 조금 놀랐는데, 한편으로는 당연하다 싶은 생각도 들었다. 하다못해 인터넷 커뮤니티에서도 나이를 밝혀달라고 요구하는 세상인데 오죽하겠는가. 생각해보니 아이들뿐만 아니라 어른들 역시 서로를 만났을 때 가장 먼저 하는 질문은 늘 같았다. "몇 살이에요?"

언어가 평등하지 않으면 관계도 평등하지 않다

결국 '나이'란 한국인들이 누군가를 만났을 때 가장 먼저 묻는 질문인 것이다. 물론 친구가 되기 위해 혹은 상대를 파악하기 위해 나이를 알고자 하는 사람들의 마음을 모르는 것은 아니다. 한국처럼 연령과 기수에 따라 서열이 분명하게 갈리는 곳도 없으니까. 한국에서는 나이에 따라 호칭이 달라진다. 가까워진 뒤에도 나이에 따라 한쪽은 존댓말을 쓰는데 다른 한쪽은 반말을 하는 식으로 상호 동등하지 않은 경우가 많다. 그처럼 관계의 형태가 달라지는 곳에서 나이란 필수적인 정보가 될 수밖에 없으며, 결국 관계를 정립하기 위해서는 반드시 서로의 나이를 알아야만 했던 것이다. 한국인들이 동갑내기를 만났을 때 '친구'라며 유난히 반가워하는 것 또한 어쩌면 이런 연유인지도 모른다.

그날 나이를 알아야 친구인지 아닌지 안다고 대답하는 아이에게 이런 이야기를 했다. 친구가 되기 위해 나이가 아주 중요한 것은 아니라고. 설사 나이가 같지 않더라도 서로 동등하기만 하다면 친구가 될 수 있다고. 물론 궁금할 수는 있겠지만, 그렇다고 '반드시' 상대의 나이를 알아야 할 필요는 없다고.

그러고 보니 나의 경우 새로운 사람을 만났을 때 나이를 물어보지 않은 지 한참 되었다. 물론 상대가 물어보면 대답을 해주지만 그뿐이다. 자연히 말을 놓는 경우 또한 거의 사라졌다. 간혹 나보다 어린 상대가 내 나이를 듣고 말을 편하게 하라고 권하면 사양한다. 나보다 나이 많은 이에게도 말씀 편하게 하시라고 선뜻 먼저 권하지 않는다. 서로 동등하지 않은 언어로는 동등한 입장에 설 수 없다는 것이, 그리고 동등한 입장에 서지 않으면 상호 존중하는 관계가 될 수 없다는 것이 내 생각이다. 그렇다면 영 서먹서먹한 상태로 남아 있지 않느냐고, 차라리 둘 다 반말을 하면 되지 않느냐고 되물을 수 있겠지만, 역시나 가능한 그런 상황을 만들지 않으려고 한다. 때로 무작정 반말을 하는 사람에게는 나 역시 반말을 같이 사용하기도 하지만 말이다. 좀 이상한 말일지도 모르겠지만 나는 약간의 불편한 관계에서 오히려 더 편안함을 느낄 수 있다고 믿는다. 약간 불편하면서 평등한 관계.

느슨하면서도 단단한 관계가 좋다

물론 존댓말을 사용하면 반말을 사용할 때보다 거리감이 느껴질 것이다. 그러나 가깝다고 무조건 좋은 관계인지에 대해서는 생각해볼 필요가 있다. 거꾸로 생각하면 가까워질수록 더욱 깊은 상처를 줄 수도 있는 것이다. 세상에서 가장 가깝다고 하는 '가족' 안에서 상처받는 이들을 우리는 얼마나 많이 보아왔는가. '친한' 친구나 형, 언니의 부탁이기에 울며 겨자 먹기로 부당한 요구를 들어줘야 하는 경우가 얼마나 많았는가. '친분' 때문에 자신의 진정한 의사와 무관한 선택을 해야 하는 경우는 또 어떻고. 상호 반말을 사용하는 것은 일방이 말을 놓는 관계보다는 낫지만 역시 내 기준에서는 지나치게 친밀하게 느껴질 때가 많다. 호칭부터 언니, 오빠, 동생, 누나, 형 등으로 바꾸어 불러야 하며, 엄밀히 동등한 관계임에도 나이에 따라 사용하는 언어가 미묘하게 달라지기도 한다. 친밀함은 말 그대로 친근하고 가까운 느낌으로 서로를 단단히 묶어주기도 하지만, 때로는 지나친 격의 없음이 독이 되어 관계에 악영향을 끼칠 때도 있다.

평등하고 느슨하며 적당한 거리감이 느껴지는 관계, 달리 말하면 상호 존대하는, 서로 적당한 거리를 두고 마주 선 관계를 나는 가장 좋아한다. 역설적이게도 적당한 거리감이 느껴질 때 가장 진실된 나로서 그 사람을 대할 수 있는 것 같다. 무언가를 부탁하면서도 거절에 상처받지 않을 수 있는, 거꾸로 말하면 그만큼 부담없이 내 의사를 명확히 표현할 수 있는, 서로의 처지와 감정과 상황에 따라 때로는 가까워지기도, 그러다가 멀어지기도, 다시 가까워지기도 하며 느슨하면서도 단단한 교류를 길게 이어가는 관계. 물론 세상 모든 일을 내 뜻대로 하고 살 수는 없으므로 모든 관계가 늘 내가 원하는 방향으로 흘러가는 것은 아니지만, 되도록 그러고자 노력하며 살고 있다.

앞에서 언급한, 나이를 꼭 밝혀야 한다는 육아카페 이야기로 돌아가면, 나는 결국 닉네임 뒤에 출생연도를 붙이고야 말았다. 붙이지 않으면 가입도 승인해주지 않고, 이런저런 게시판을 볼 권한도 주어지지 않는다는데 별수 있겠는가. 나는 수박68이란 이름을 달고 해당 카페에 들어갔다. 68년생 수박님이 된 것이다. 물론 카페의 규칙에 내 나름대로 저항하기 위한 허위 정보였지만 운영진의 생각과는 다르게 나처럼 나이에 신경 쓰지 않는 사람들과 '진짜' 친구가 되는 데에는 아무런 문제가 없었다.

　(이로부터 몇 년의 시간이 흘렀고 글 속의 아이는 올해 아홉 살이 되었다. 다행히도 여태까지는 엄마의 바람대로 나이와 관계없이 많은 사람과 어울려 노는 아이로 자라고 있다.)

검열하는 삶

몇 년 전 아이를 데리고 프랑스로 휴가를 다녀왔을 때의 일이다. 혼자라도 긴장되는 외국행에 아이까지 동반하려니 걱정이 이만 저만이 아니었다. 가능한 실수할 만한 상황을 만들고 싶지 않았던 나는 불안을 없애기 위해 떠나기 전부터 프랑스에 관해 이것 저것 공부하기 시작했다. 개중 인상 깊었던 것은 식당 문화였다. 프랑스에서는 우리나라와 다르게 식당에 마음대로 들어가는 대신 입구에서부터 직원의 안내를 기다려야 하고, 주문이나 계산 시에도 서버를 소리내어 불러서는 안 되며, 눈을 마주친 뒤 테이블 앞으로 올 때까지 기다려야 한다고 했다.

그걸 지키지 않아 싫은 소리를 듣거나 불편한 상황에 처했다는 글을 많이 읽었기에 늘 조심하려고 했다. 오해에서 비롯되든 문화 차이이든 기분 나쁠 일은 되도록 안 만드는 편이 좋으니까. 그러다 보니 식사 한 번 하는 것이 매번 큰일이었다. 직원의 안내를 기다리고, 서버가 테이블에 올 때까지 기다리고, 식사가 올 때까지 기다리고, 식사를 마치면 계산서가 올 때까지 기다리고. 기다림의 연속이었다. 식사 한 번 마치고 나면 매번 훌쩍 시간이 지나 있었다.

한번은 밖에서 한참 동안 기다려도 직원의 응대가 없었다. 더위에 지쳐서 칭얼대는 아이를 안고 조바심이 났지만 달리 방법이 없어 묵묵히 기다렸다. 그러다 갑자기 한 무리의 미국인이 들어와 아무렇지 않게 직원에게 말을 걸고, 직원 역시 자연스럽게 응대하는 모습을 보고 깜짝 놀랐다. 우리도 한참 전부터 와 있었다고 뒤늦게 이야기하니 몰랐다면서 그제서야 자리를 안내해주었다.

그날 밥을 어디로 먹었는지 모르겠다. 머릿속이 이런저런 생각으로 가득 찼다. 어쩌면 프랑스의 식당 문화라고 알고 있었던 것이 잘못된 정보였을지도 모른다. 어떤 식당에서는 손님 쪽에서 왔다고 먼저 알려줘야 하는지도 모른다. 문화란 한 국가 내에서도 지역에 따라 다르며, 시간에 따라 조금씩 바뀌기도 하고, 무엇보다 이 세상에 절대적인 것은 없으니까. 그날 오랜 기다림에 지쳐서 식사를 마치지도 못하고 잠든 아이를 바라보는 동안 씁쓸한 마음이 들었다. 직원은 왜 가만히 서 있기만 하는 나를 보고 아무런 의문을 품지 않았을까. 한마디 말이라도 걸어주었으면 얼마나 좋앉을까. 왜 주변에서는 우리에게 아무런 말도 해주지 않았을까. 저 미국인들은 어쩌면 저렇게 당당할까. 어떻게 저리도 거리낌없이 행동할 수 있을까.

그러나 다른 무엇보다도 나 자신에게 화가 났다. 나도 진작 물어볼걸. 잠깐 기다리다 소식이 없으면 말을 붙여볼걸. 왜 바보처럼 가만히 있었을까. 무엇이 그렇게 두려웠던 걸까. 물론 답은 알고 있다. 혹여라도 '무례하고 무지한 아시아인'으로 보일까 걱정스러웠기 때문이다. 차별과 혐오의 시선을 감당하기 싫었던 것이다. 결국 서양에서 소수자의 위치에 놓인 '아시아인'인 나는, 시간을 거슬러 돌아가더라도 똑같이 행동할 가능성이 높다고 생각한다.

이럴 때는 서양인들이 참 부럽다는 생각이 든다. 무언가를 의식하지 않고 마음껏 행동할 수 있다는 것이. 설사 에티켓이나 매너에 어긋난 행동을 하더라도 단순한 문화 차이로 용인될 수 있다는 것이. 부정적인 피드백이나 반응을 그저 흘려 넘기고 쓸데없는 피해의식에 빠지지 않을 수 있다는 것이. 잘못된 행동을 한 누군가가 그저 이상한 '개인'으로 남을 뿐 집단 전체로 묶이지 않으리라는 것이. 물론 서양인이라고 모두가 자유롭지는 않을 테지만.

나의 실수는 애엄마들의 실수가 되니까

여행 중 하루는 파리 라빌레트 과학관에 갔다. 아이들이 놀기 좋게 이런저런 시설이 꾸며져 있었고, 우리 아이 역시 새로운 환경에 눈을 빛내며 즐겁게 놀았다. 그때였다. 근처에 있던 아주머니가 놀고 있는 아이와 지켜보던 나를 향해 번갈아 손가락질을 하며 갑자기 화를 내는 것이었다. 프랑스어는 모른다고 하니 계속해서 소리를 지르며 프랑스에 왔으면 프랑스어를 해야 한다고도 말했다. 어안이 벙벙했다. 아이는 대부분의 시간을 혼자서 놀았고 다른 아이와 스친 일 자체가 없었다. 즉 놀잇감이나 놀이 순서 등으로 다툴 일이 없었다는 이야기다.

대체 아주머니가 분노한 이유는 무엇이었을까. 왜 나에게 갑자기 소리를 지르며 화를 냈을까. 내가 모르는 별도의 규칙이라도 있었던 것인가. 내가 무언가 잘못한 것일까. 대체 뭐가 문제였을까. 설마하니 요즘 세상에 동양인이라는 이유로 시비를 건 것은 아니겠지. 온갖 생각이 맴돌았다. 잘못한 것이 없으니 소리 높여 맞서 싸웠고 이후에도 겉으로는 당당한 양 앉아 있었지만 마음 한편은 불안과 불쾌함으로 위축되어 버렸다. 결국 돌아오는 길에 아이의 사소한 장난을 두고도 평소보다 호되게 혼을 내고야 말았다. 괜히 이 모든 게 아이 때문인 것 같은 생각에 아이가 원망스럽게 느껴졌고, 그런 생각을 하는 스스로에 대해서는 더욱 큰 실망감이 들었다. 그날은 그렇게 하루 종일 침체되어 있었던 기억이 난다.

사실 아이는 잘못이 없었고 정말로 그 아주머니가 이상한 사람이었는지도 모르는 일이다. 그저 여행 중 일어날 수 있는 별것 아닌 에피소드일지도 모른다. 그럼에도 불구하고 당시의 나로서는 도저히 의식하지 않을 수 없었다. 내가 무언가 잘못한 것일까, 아닐까. 이것이 인종차별일까, 아닐까. 그곳에서 우리는 한 사람의 개인이 아닌 이방인이자 동양인이었던 것이다.

사실 아이를 데리고 다니는 삶이 한국이라고 편했던 것은 아니다. 아이가 다른 사람 앞에서 조금이라도 떠들기만 해도, 장난을 치기만 해도, 잠시 떼를 쓰기만 해도, 마음이 철렁 내려앉았다. 혹여라도 '무개념 부모'나 '맘충'이라는 낙인이 찍힐까봐 늘 신경을 곤두세웠다. 무언가 잘못했을까봐 항상 스스로를 검열하며 지냈다. 무언가 잘못하면 '나'의 실수가 아니라 '애엄마들'의 실수가 되니까. 나의 실수는 '나' 혼자만이 아닌 '여성' 전체의 잘못이 되니까. 아마 어떤 사람들은 여성에 애엄마일 뿐인 나와는 비교도 되지 않을 만큼 더욱 혹독한 검열을 거치며 살고 있을 것이다. 검열이라는 것은 소수자성을 띨수록 더욱 심해지기 마련이므로.

티 내지 말라는 말

오래 전 한 남성이 페이스북에 이런 포스팅을 한 적이 있다. '탈브라 선언'[*] 기사를 공유하면서, "아, 정말 구리다. 구려" 이런 멘트를 적어놓은 것이다. 브라를 안 하겠다는 말의 어디가 어떻게 구리다는 것인지 매우 놀랍고 의아했던지라 댓글로 물어보았다. "죄송하지만 저 기사가 무슨 문제가 있나요? 저 역시 브라를 착용하면 너무 불편해서 어지간하면 안 하고 싶은데요."

그는 이렇게 대답했다. "저도 제 아내나 다른 여성들이 불편하고 고통스럽게 지내는 것 싫습니다. 편하고 행복하게 지내면 좋

[*] 브라를 착용하지 않겠다는 공개적인 선언

겠어요. 제가 궁금한 건 그냥 혼자서 안 하면 되는 일을 왜 굳이 동네방네 떠들고 다니느냐 하는 거예요." 그의 요지는 말하자면, '티 내지 말라'는 것이었다. 네가 브라를 하고 다니든 말든 아무 상관없지만, 적어도 내 앞에서는 티 내지 말라.

이것은 사실 작고한 연예인 설리가 노브라로 한창 논란이 되던 시절에 나오던 이야기와도 비슷하다. 아니, 브라를 하든 말든 자기가 알아서 할 일이지, 그걸 '굳이' 사진을 찍어서 올리는 이유는 뭐야? 욕해달라는 거야, 뭐야? 관종이 아니고서야 저런 사진을 왜 올려? 브라 하지 마! 실컷 하지 마! 근데 그걸 굳이 내가 알게 하진 말아주었으면 좋겠어!

이와 같은 말, 그러니까 "브라를 하고 다니든 말든 네가 알아서 할 일이고 나랑은 상관없지만 적어도 나는 그 사실을 모르게 하라"는 이야기는 얼핏 상대의 자유 의사와 개성을 인정하는 관대한 태도처럼 느껴질 수도 있지만, 사실은 굉장히 무리한 요청이다. 알다시피 브라의 불편함은 '안 하면 티가 난다'는 데에 있기 때문이다. 안 하면 티가 나는데 안 해도 좋으니까 티는 내지 말라니, 아니 어떻게?

더 교묘해진 차별

우리 사회에서 주류 혹은 다수의 관념에서 어긋나는 많은 영역에는 이러한 요구가 존재한다. "본인들이 이성애자든 동성애자든 나하고는 아무런 상관이 없어. 내가 궁금한 건 왜 굳이 거리에서 남들 다 보는 곳에서 저런 행동을 하느냐는 거지." "자기가 성폭력 피해자면 피해자지 왜 굳이 저런 이야기를 만날 하고 다니지?" "이혼했다고 난 특별히 편견 없어. 근데 왜 굳이 저런 말을 해서 주변 사람들을 불편하게 해?" "여성 인권이 더 열악한 거 잘 알겠는데, 그걸 왜 티를 못 내서 안달이야?"

이와 같이 소수자, 마이너적인 정체성을 전면 부정하지는 않되, 티 내지 말라고 요구하는 것을 '커버링'이라고 부른다. 커버링은 사회학자 어빙 고프먼의 저서 《낙인》에서 처음 등장한 개념으로, 요약하자면 "어떤 낙인이 찍힌 사람들이 그 낙인이 두드러져 보이지 않도록 많은 노력을 기울이는 행위"를 이야기한다.

뉴욕대학교 법학대학원 교수인 켄지 요시노는 자신의 저서 《커버링》에서 이와 같은 커버링 개념을 중심으로 사회의 소수자 집단에게 요구되는 수많은 검열을 다루었다. 현존하는 차별이 커버링을 통해 얼핏 없어진 것처럼 착시효과를 일으키는 경우가 아주 많기 때문에 커버링의 개념을 이해하고 공부하는 것은 차별을 철폐하고 바로잡는 데 있어 매우 중요한 일이다.

물론 약자나 소수자의 삶이 과거에 비해 더 나아진 것은 사실이다. 아예 소수자 집단의 정체성 자체를 부정하는 이들, 예를 들어 "나는 동성애를 반대합니다", "남자와 여자는 원래 다르다", "강간은 여성의 잘못이다"와 같은 언어를 거리낌없이 사용하던 이들이 절대적으로 많았던 과거에 비해서 보편 인권은 훨씬 개선되었다고 할 수 있을지도 모른다. 그러나 오히려 커버링을 통해 차별이 교묘해짐으로써 구체적인 개선을 요구하기 어려운 경우도 많다.

켄지 요시노는 이에 대한 사례로 한 아프리카계 미국인 여성의 일화를 소개한다. 해당 여성은 직장에서 머리카락을 전부 땋는 콘로 스타일을 금지당했고, 결국 이 헤어스타일을 이유로 해고당했다. 해고 사유가 단순히 직장 내에서 '단정한' 옷차림을 하지 않았다는 이유로 설명될 만큼 충분한지 어떤지, 그렇다면 콘로 헤어스타일은 '어째서' 단정하지 않은지에 대해 그 누구도 명확한 해답을 주지 않았다. 뿐만 아니라 한 필리핀계 여성 간호사는 직장에서 (필리핀 공용어인) 타갈로그어 사용을 금지당한 적도 있다고 한다.

나는 커가면서 어느 순간 사투리를 쓰는 남성에 비해 사투리를 쓰는 여성은 거의 없다는 사실을 발견하고 깜짝 놀란 적이 있다. 살펴보니 사투리를 쓰는 사람의 대다수가 남성, 그중 대부분은 영남 지역 출신이었다. 지역을 막론하고 사투리를 쓰는 여성은 거의 없다는 것, 지방을 떠난 뒤에도 계속 사투리를 사용하는 사람 중에는 유독 영남 출신이 많다는 것, 호남 사투리는 거의 찾아보기 어렵다는 것 등이 왠지 의미심장했는데, 우리 사회의 미묘한 지형을 보여주는 듯했기 때문이다.

이러한 현상을 두고 어떤 사람들은 영남지역의 억양이 더 강해서 고치기 힘들기 때문이라는 이야기를 하기도 하지만, 이는 사실 딱 들어맞는 설명이라고 생각되지 않는다. 말투를 고치기 어려운 것은 여성이나 남성이나 영남이나 호남이나 마찬가지일 것이다. 영남 출신 남성이 유독 억양을 계속 유지할 수 있는 까닭은, 반대로 말하면 그 억양을 계속 지니고 있어도, 본인이 영남 출신이라는 것이 티가 나도 크게 불이익을 받지 않는 위치에 있었기 때문일 확률이 높다.

정체성을 감춰야 하는 피로감

불문학자인 고 황현산 선생은 자신의 트윗을 모은 책,《내가 모르는 것이 참 많다》에서 고 김대중 대통령을 추억하며 그가 청와대에 머물던 시절 요리사에게 남몰래 홍어를 요청해서 먹었던 일화에 대해 이야기한다. 홍어를 먹은 게 뭐 어떻다고 싶을 수도 있겠지만, 여기서의 포인트는 '남몰래'라는 대목이다.

지금이야 홍어가 마니아층을 대상으로 미식의 한 종류로 인정받고 있으나 과거만 하더라도 호남 지역 사람들만 먹는 '이상한' 음식으로 생각되는 경우가 많았다고 한다. 물론 일베를 비롯하여 포털 사이트 댓글에서는 호남 지역 사람들을 비하하는 용어로 사용되는 경우가 여전히 많다. 아마도 그렇기 때문에 홍어는 한 나라의 대통령이 되어서도 대놓고 먹을 수 없는, 즉 몰래 먹을 수밖에 없는 음식이었을 것이다.

이 역시 전형적인 커버링의 사례라고 할 수 있다. 심지어는 한 나라의 대통령이라는 위치에 이르러서도 낙인과 전형성을 피하기 위해, 그것을 감추기 위해 애쓰지 않을 수 없었다는 지점을 보여주기 때문이다. 만약 김대중 대통령이 영남 출신이었을 경우, 그리고 홍어를 좋아했을 경우에는 오히려 아무런 부담 없이 먹었을지도 모르는 일이다. 영남인에게 홍어는 전혀 낙인이 아니기 때문이다. 오히려 미각이 세련되었다고 추앙받았을지도 모른다. 그러나 똑같은 음식과 똑같은 기호식품이 호남인에게는 다르게 다가온다. 일종의 편견과 고정관념을 강화하는 낙인으로 작용하는 것이다.

그런 사소한 것까지 다 신경 쓰고 피곤해서 어떻게 사느냐고 불평불만을 이야기하는 사람들이 있겠지만, 사실은 그 '피로함'이야말로 포인트이다. 커버링은 결코 사소한 문제가 아니다. 당사자를 엄청나게 피로하게 만드는 것은 물론, 앞의 콘로 헤어스타일로 해고된 사례처럼 심지어는 법적으로 불이익을 받게 되는 경우도 있다. 차별당하고 싶지 않다고? 그럼 네 정체성을 감춰. 헤어스타일을 바꿔. 게이임을 드러내지 마. 사투리 쓰지 마. 브라를 하고 다녀. 히잡을 쓰지 마. 홍어를 먹어서는 안 돼. 장애인이라 불편하다는 이야기를 하지 마.

다시 브라 이야기로 돌아가자면, 내 경우 365일 중 364일 정도 브라를 안 하고 사는 중이다. 아이들을 낳고 집에 머무는 날이 많아지면서 사람을 만날 일이 줄어들었고, 자연히 브라를 하지 않고 지내는 날이 늘어났다. 그리고 어릴 적부터 너무나 당연하게 착용하던 브라를 한번 벗어보니 도저히 그 이전으로는 돌아갈 수 없게 되었다. 그러한 형편인지라 간혹 누군가를 만날 때는 각별히 주의하고는 한다. 노브라가 티가 나지는 않는지 어떤지를 꼼꼼하게 살핀다. 그리고 티가 나면 옷을 갈아입기도 하고 춥지도 않은데 카디건 등을 껴입기도 한다. 때로 SNS에 사진을 올리려다가도 노브라가 티 나는 모습이 신경 쓰여 그 부분을 잘라내거나 아예 올리는 것을 포기한다.

말하자면 스스로 검열을 한다는 이야기인데, 알다시피 모든 형태의 검열은 그것이 아무리 사소할망정 정신적·육체적 에너지를 소모하기 마련이다. 고작 브라 따위로 검열을 하는 내가 이 정도로 피로한데, 나보다 더 검열해야 할 요소가 많은 사람들이 겪어야 할 고충은 상상하기 어렵지 않다.

물론 그렇게 피곤하면 검열을 하지 마! 누가 검열하래!라고 말하는 사람들이 분명 있을 것이다. 그러나 그 검열에 저항한 사람들이 어떤 일을 겪었는지는 우리 모두 이미 알고 있다.

칭찬의 기술

며칠째 미묘하게 기분이 안 좋아서 왜 그런가 생각을 해보았다. 미묘하게 기분이 안 좋다는 의미는 말 그대로 일상생활에 지장을 줄 만큼은 아니지만 미세하게 불편한 느낌을 지속적으로 야기하는 정도를 말한다. 마치 어금니의 통증처럼 가만히 있다가도 불쑥불쑥 솟아나는 불쾌한 느낌. 곰곰이 생각해본 결과, 아무래도 며칠 전 들었던 '잘못된 칭찬'이 원인인 것 같단 생각이 들었다.

얼마 전 누군가 이런 이야기를 했다. 내가 SNS에 올리는 글이 굉장히 특이하다면서, 가식과 허세가 전혀 없어서 마치 아줌마들 이야기를 몰래 엿듣는 느낌이 든다나 뭐라나. 글뿐만 아니라 말하는 것도 전반적으로 그렇다며, 이건 욕이 아니라 어디까지나 칭찬이라는 이야기를 했다. 순간 무슨 뜻이지? 싶은 생각이 들었지만 뭐라고 반응을 해야 좋을지 몰라서 그냥 넘겼다. 시간이 지날수록 생각이 복잡해졌다. 일차적으로는 굉장히 기분이 나빴는데, 이것이 왜 기분이 나쁜가에 대해서 오래도록 생각했다.

아줌마의 사전적 의미는 아주머니를 낮추어 부르는 말로, '남남끼리에서 결혼한 여자를 예사롭게 부르는 말'이다. 말 그대로 기혼 여성을 뜻한다. 그러나 우리 사회에서 '아줌마 같다'는 말은 흔히 기혼 여성이라는 중립적 의미 대신 부정적인 의미로 많이 쓰인다. 우악스럽고, 염치를 모르고, 교양이 부족하고, 수치심이 없는 사람. 그리하여 어떤 사람들은 단순히 상대방을 화나게 만들기 위해, 혹은 비난하기 위해 이 호칭을 사용하기도 한다. 그런데 아줌마 같다는 말이 칭찬이라고?

물론 실제 우리 주변에 존재하는 모든 '아줌마', 즉 기혼 여성들이 그렇지 않은 것은 당연하다. 앞서 언급한 수식어들은 어디까지나 사회에서 일반적으로 통용되는 이미지일 뿐이다. 그리고 어쩌면 이런 생각을 하는 자체가 나 자신이 '아줌마'라는 단어에 대해 가진 피해의식 혹은 선입견을 보여주는 것일 수도 있다.

예를 들어 "너 정말 부티난다"라는 이야기를 들었을 때 불쾌감을 느낄 사람은 별로 없을 것이다. '부'는 사회에서 선망받는 가치니까. 고로 '부티가 나는' 상태는 좋은 것이니까. 그런데 "너 정말 빈티난다"는 말은 어떠한가. 이것은 말 그대로 욕이다. 그러나 한편 가난한 것이 나쁜가 하고 곰곰이 생각해보면, 그렇지는 않은 것이다. 가난한 것은 불편하지만 '나쁜 것'은 아닐 테다. 결국 "빈 티난다"는 말이 욕으로 쓰일 수 있는 것은 가난이란 부정적인 것, 그리고 나쁜 것이라는 사회적 등식이 성립되어 있기 때문이다.

그렇다면 생각해보자. 사회주의나 좌파적인 사고방식을 가진 사람이 "빈티난다"는 말에 분개하는 것은 윤리적으로 어떤 의미를 지니는가. 혹 모순적이지는 않은가. 불쾌감을 느낀다면 본인의 가치판단이나 정치적 판단이 그 단어에 대입되어 있지 않은가. 그렇다면 "장애인 같다"거나, "퀴어 같다"는 말은 어떤가. 이 말을 하는 쪽이 나쁜가, 이 말을 듣고 불쾌해하는 쪽이 나쁜가.

이런 이유 때문에 내가 지금 이 말을 듣고 기분이 나쁜 것이 윤리적으로 정당한지, 지나치게 예민한 것은 아닌지 한참 동안 생각한 것이다. 나의 사회적 신분은 어쨌거나 '아줌마'가 맞고, 기혼 여성에 대한 편견이나 차별에 저항하는 글을 자주 쓰는 입장에서, 이러한 불쾌감을 드러내는 것이 어떠한 의미가 있는지에 대해서 오래 고민할 수밖에 없었던 것이다.

한편으로는 이런 일도 있었다. 어떤 모임에서 오랜만에 만난 지인이 다가와 말했다. "어쩌면 그렇게 한결같아요?" 한결같다고? 의미를 알 수 없는 느닷없는 멘트가 당황스러웠넌지라 어색하게 웃으며 되물었다. "네? 뭐가요?" 그러자 그는 덧붙였다. "아니, 애도 둘이나 낳았는데 너무 날씬해서. 왜 아줌마들 보면 보통 되게 뚱뚱하고 그렇잖아요. 근데 날씬하고 그래서 좋다고요."

역시나 뭐라고 답해야 할지 몰라 그저 가만히 웃고 넘겼으나 이후로 한참 동안 마음이 찜찜했다. 분명 그의 말대로 체중이나 체형에 있어서 나는 한결같은 편이라고 할 수 있다. 출산 전이나 결혼 전과 비교해서 큰 차이가 없다. 기본적으로 살이 잘 붙지 않는 체질이며, 군것질 등 먹는 행위를 그다지 즐기지 않기도 하고, 평소 가벼운 운동을 좋아하는 등 여러 요인이 복합적으로 작용한 결과일 것이다.

그런데 만약 그렇지 않았더라면 어땠을까. 체중이 늘어났다거나, 체형이 달라졌다면 그는 나를 어떻게 바라보았을까. 누군가를 칭찬하는 과정에서 나 역시 '뚱뚱한 아줌마' 1인이 되어버리지 않았을까. 결국 칭찬이었는데도 불구하고 마음이 그토록 불편했던 이유는 칭찬 너머의 어떤 '시선'이 느껴졌기 때문이었다. 누군가를 대할 때 그 사람의 정체성 중 하나를 멋대로 끌어와 이미지를 형성한 뒤, 그가 거기에 얼마나 들어맞는지를 대입하는 시선. 멋대로 판단하고 평가하여 비교하고 순위를 매기는 시선.

물론 내게 저런 말을 건넨 사람들 개개인을 탓하려는 것은 아니다. 그들은 어디까지나 나에 대한 호의로 그러한 '칭찬'을 했던 것일 테다. 게다가 이런 시선은 우리 사회에서 굉장히 보편적으로 관찰되는 태도라고 할 수 있다. 가령 이런 말들. "애엄마 같지 않게 예뻐요." 애엄마는 도대체 어때야 한다고 생각하는 것일까? "나이에 비해 굉장히 젊어 보이세요." 나이를 생각하면 어떻게 보여야 한다는 것일까? "다른 여자들 같지 않게 개념이 있군요." 본래 여성은 개념이 없다는 것을 상정하고 하는 말인데, 이 말이 과연 칭찬일까? "대학생치고 사고가 참으로 성숙하네요." 대학생을 대체 어떤 존재로 여기는 것일까? "지방 출신인데도 참 세련되었네요." 지방 출신은 대체 어때야 한다고 생각하는 것일까? "A님은 내가 아는 사람 중 훌륭한 사람 랭킹 5위 안에 드시는 분!" 훌륭한 사람이면 훌륭한 사람인 거지, 여기에 랭킹은 왜 붙는 것일까? 나머지 4명은 누구일까? 왜 어떤 칭찬은 듣고 나서 그토록 기분이 나쁜가를 곰곰이 생각해보았더니, 모두 상대를 일방적으로 '평가'하는, '비교'를 전제로 특정한 가치판단이 개입된 표현이었다.

그러나 나는 이런 '평가'의 말들이 과연 '칭찬'인지 의심스럽다. 평가라는 것은 일방적이기 마련이고 평가 당하는 대상은 동의하든 동의하지 않든 그러한 평가에 자동으로 귀속되기 때문이다. 그렇기 때문에 타인과의 관계에서 가장 손쉽게 우위를 점하고 권력을 잡는 방법은 그 사람을 평가하는 것이기도 하다.

이런 이야기를 하면 어떤 사람들은 칭찬도 마음대로 못하냐고 화를 낼지도 모른다. 무서워서 무슨 말을 못하겠다고 불쾌해할지도 모른다. 그래도 선의로 한 말인데 그냥 좀 넘어가면 안 되냐고 할지도 모른다. 그런데 나는 오히려 그런 이들에게 묻고 싶다. 왜 누군가를 칭찬하는 것이 그 사람의 정체성을 부정하는 행위가 되어야만 하냐고. 다른 누군가를 조롱하거나 비하하지 않고는 칭찬을 못하냐고. 의도가 좋다면 뭐든 용납되어야만 하냐고. 과연 칭찬을 하고 싶은 나의 욕구가 상대의 기분보다 더 중요한 것일까?

칭찬이란 보통 상대를 기쁘게 하거나, 나의 호감을 표현하기 위해 하는 말이다. 그런데 상대를 불쾌하게 만든다면 그 칭찬에 어떤 의미가 있을까? 듣고 나서 기분이 나빠지는 칭찬, 듣고 나서 웃음은커녕 불쾌함만을 남기는 유머를 반드시 표현해야만 하는 까닭을 나는 아무리 생각해봐도 모르겠다.

앞서 언급한 '아줌마' 이야기로 돌아가서, 물론 나는 '아줌마 같다'는 칭찬의 바탕이 선의라는 것을 충분히 알고 있다. 그것은 그의 표현대로 솔직하고, 담백하고, 허세와 가식이 없어서 좋다는 뜻이었을 것이다. 그러나 그러한 의도를 전달하고 싶었다면, 이렇게 이야기하면 된다. 솔직하고, 담백하고, 허세와 가식이 없어서 좋다고.

칭찬이란 호감의 또 다른 표현인 경우가 많다. 그리고 누군가에게 호감을 느끼는 것은 그 사람의 고유한 부분을 발견하면서 시작된다. 영화 〈타오르는 여인의 초상〉에서 주인공 두 사람은 서로의 얼굴을 마주 보며 그간 자신이 서로에게 '발견'한 것들, 그러니까 상대가 당황할 때는 어떤 표정을 짓는지, 기쁠 때는 눈이 어떻게 빛나는지, 입술을 다무는 것은 어떤 감정의 표현인지 등에 대해 이야기하고, 바로 그 순간 본격적인 사랑에 빠진다. 상대가 '진짜' 나를 봐주었다는 생각이 들 때, 나의 내면을 이해하고 나를 깊이 들여다보았다는 생각이 들 때 마음의 문이 열리면서 서로에게 더 깊은 감정을 느끼게 된 것이다.

나는 칭찬 역시 이와 같은 고백의 기술과 크게 다르지 않다고 본다. 칭찬이란 결국 누군가의 고유성으로부터 시작되어야 한다고 생각한다. 남과 비교하여 더 낫고 못하고, 더 열등하고 우월하고를 가리는 게 아니라, 그가 어떤 측면에서 남과 '다른지', 어떤 '고유성'을 가졌는지 알아보는 것이 진정 좋은 칭찬이라고 생각한다. 애정을 바탕으로 상대를 지켜보면 알 수 있는 것들이다. 굳이 순위를 매겨 남과 비교하지 않더라도 말이다.

명예남성을 위한 변명

여성으로서 내 안에 뿌리 깊은 여성혐오가 남아 있음을 느끼는 순간이 간혹 있다. 대표적으로 페미니즘을 부정하거나 여성에게 적대적인 여성들을 마주했을 때다. 어떻게 여자면서 같은 여자들한테 저럴 수가 있지? 하는 생각이 나도 모르게 들면서 화가 치솟곤 한다. 흥미로운 지점은 비슷한 발언을 하는 남성을 대할 때는 그만큼 화가 나지 않는다는 사실이다. 처음부터 아무것도 바라지 않았기 때문일까. 거꾸로 말하자면 여성들에게 그만큼 기대가 크다는 이야기인데, 여성과 남성의 출발선상을 동등하게 놓지 않는다는 데서, 여성에게 페미니즘 관련해서 더욱 특별한 기대를 품는다는 면에서 일견 여성혐오적이라고 할 수 있을 듯하다.

이와 같은 감정을 품는 사람이 아마도 나뿐만은 아닐 것이다. 실제로 여성들 사이에서는 '명예남성'이라는 말이 종종 조롱으로 쓰이곤 한다. 명예남성은 가부장제의 논리를 체화한 여성을 뜻하는 말로, 성별은 여성이지만 실제로는 남성과 유사한 사고방식을 가지고 남성과 비슷한 행태를 보이는 사람을 일컫는다. 때로는 남성의 성기와 결합한 멸칭인 '명자' 혹은 '흉자' 등으로 변형하여 불리기도 한다. 이와 같은 호칭이 옳다고 생각하진 않지만 나역시 여성의 여성혐오에 더욱 서운함을 느낄 때가 많으니, 이들을 향한 분노에 한편으로는 공감한다. 특히나 고위직, 기득권층으로 갈수록 '명예남성'의 비중은 더욱 커지는 듯하다.

난 했는데, 넌 왜 못해?

실제로 회사에 다니던 시절, 연차가 많이 차이 나지 않는 여성 선배 중에는 존경하고 따르고 싶은 분들이 많았으나 아주 높은 직급을 가진 이들 중에서는 정작 그런 사람을 찾기 어려웠다. 솔직히 말해 출산, 육아휴직 및 회식 관련해서나 승진 심사 등에 있어 남성 상사들보다 더 가혹하고 가차없는 경우가 대부분이었다. 여성들 사이에서는 '상사로는 차라리 남자가 낫다'는 말이 암호처럼 통용되곤 했다. 여성 상사들은 성차별 문제에 대한 인식이 어지간한 남성보다도 못했다. 소위 말하는 '젠더 감수성'이 터무니없이 부족했다. 심지어 한 여성 임원은 임신한 직원들을 호출하여 육아휴직을 낼 건지, 얼마 동안 낼 건지, 정 내겠다면 할 수 없지만 그럴 경우 승진은 보장 못 한다는 말을 한 적이 있다. 80년대도 아니고 90년대도 아닌, 2011년도의 일이었다.

물론 "여자의 적은 여자" 같은 진부하고 동의하기 어려운 이야기를 하려는 것은 아니다. 여성 상사들, 그들 중 대다수는 그 정도 위치에 오르기까지 동년배의 남성 대비 훨씬 어려운 길을 걸었을 것이다. 남성 중심 사회에서, 남성적인 행동과 남성적인 가치관이 존중받는 사회에서, 여성이 남성을 누르고 올라설 수 있는 방법은 '남성 이상의 남성'이 되는 것으로 귀결되기 마련이다. 여성적인 특성을 모두 지워야만 가능했을 것이고, 약점으로 작용할 만한 요인은 모두 소거해야 했을 것이며, 그 결과 어지간한 남성보다 더욱 '남성적'인 이들만이 살아남았을 것이다.

실제로 '철의 여인'이라는 별명으로 불렸던 전 영국 수상 마가렛 대처를 두고 어떤 이들은 "영국 유일의 남성"이라고 이야기한 적이 있다고도 한다. 그와 같이 남성 이상으로 남성의 질서를 체화한 여성들에게 있어 대다수 평범한 여성들이 겪는 문제와 불만은 쉽사리 이해할 수 없는 것이 어쩌면 당연한지도 모르겠다. 실제로 앞서 언급했던, 여성 직원들을 소집하여 육아휴직과 관련한 '경고'를 내린 여성 또한 출산 후 3개월간 주어지는 출산휴가도 다 소진하지 않은 채 업무에 복귀했다는 이야기가 전설처럼 내려오던 상황이었다. 이러하니 여성들의 요구나 불만, 문제 제기에 대한 그의 생각은 아마도 이러했을 것이다. '난 했는데, 왜 넌 못해?'

사실 이는 고난을 겪어낸 사람이 같은 고통을 겪고 있는 사람에게 가질 수 있는 흔한 태도이기도 하다. 학교, 군대, 그리고 사회에서 부조리하고 불합리한 점들이 시정되지 않고 계속해서 맥락을 이어가는 것은 어쩌면 고통을 극복해낸 이들이 고통을 없애기 위해 노력하기는커녕 고통이 대물림되는 구조를 공고히 하고 있기 때문이란 생각도 든다. 그건 원래 괴로운 거라고, 그러니 버티라는 말을 하면서 말이다.

일하는 여성으로서 힘든 세월을 겪어낸 이가 후배 여성들에게 육아휴직을 내지 못하도록 닦달을 하거나, 고된 시집살이를 겪었던 이가 훗날 더 혹독한 시집살이를 시키는 것은 모두 같은 사고방식에서 출발한다. 기성 권력에 적응하는 과정에서 그 안의 논리를 자신도 모르게 체화한 것이다.

'성공하려면 포기해야 하는 것이 많은 거야.'

'여자가 성공하려면 남자보다 두 배는 노력해야 해.'

'아이도, 일도 포기 못 하면서 성공하겠다고? 왜 그렇게 욕심이 많아?'

'시집살이가 힘들다고? 며느리로서 해야 할 '도리'를 모르는구만!'

'여자의 삶은 불공평한 거야. 우리도 다 그렇게 살았어.'

'난 했는데 왜 넌 못해?'

내 고생과 노력이
물거품이 되는 것에 대한 두려움

문득 오래전 나의 경험을 떠올려본다. 지금은 그렇지 않지만 몇 년 전까지만 하더라도 나는 꽤나 강경하게 노키즈존에 찬성하는 입장이었다. 물론 시간이 흐르면서 결국 반대하는 쪽으로 마음을 돌리게 되었지만. 그런데 고백하자면 그렇게 의견을 수정한 뒤에도 마음 한구석에는 계속 찜찜함이 남아 있었다. 소위 말하는 '무개념 부모들'에 대한 적개심과 분노가 가슴 한구석에 늘 도사리고 있었다. 스스로도 알 수 없었다. 다른 부분에 대해서는 안 그런데 왜 유독 노키즈존에 한해서만 이런 감정이 들까, 왜 머리로는 아니라는 걸 알면서도 마음 한편에 못마땅한 감정이 남아 있을까. 나 자신이 잘 이해가 가지 않을 지경이었는데, 거듭 고민해본 결과, 결국은 그거였다. "난 했는데 왜 너넨 못해?"

나의 경우 첫째를 낳고 약 1년간 외부 식당에 간 기억이 거의 없다. 남에게 민폐를 끼치는 걸 극도로 싫어하던 나는 아이가 울거나 떼를 쓰거나 하는 예상치 못한 상황이 생길 때 주변 사람들이 불편해하거나 부모인 나를 비난하는 모습을 보고 싶지 않았다. 그렇기 때문에 외출하고 싶어도 참고 외식하고 싶어도 참았다. 결과적으로 아이가 어느 정도 통제 가능한 상태가 될 때까지 대부분의 시간을 집에서만 보냈다.

당연히 쉽지 않은 시간이었다. 집에서 아이와 둘만 남아 있으니 마치 고립된 섬에 갇혀 있는 것처럼 느껴질 때가 많았고, 아파트 거실 창 너머로 보이는 모르는 이의 불빛에 의지해 하루하루를 살아가던 때도 있었다. 아이 역시 엄마와 집 안에만 머무는 것이 그리 좋지 않았을 것이다. 괴롭고 고독한 시기였지만 내가 선택해서 아이를 낳은 것이니 어쩔 수 없다고 체념하며 지내던 나날이었다. 하지만 한편으로는 뿌듯한 마음이 드는 순간도 많았다. 나는 아무에게도 폐를 끼치지 않고 이렇게 홀로 아이를 키우고 있어. 힘들지만 괴로움을 온전히 나 혼자 견디고 있어. 난 정말 대단해!

그렇기 때문에 더욱 노키즈존을 당연하게 생각했고, 더불어 그에 반대하는 목소리에 대해서도 반발감을 가졌던 것 같다. 원래 아이 낳으면 많은 걸 포기해야 하는 거야. 그럴 각오도 없이 아이를 낳았어? 왜 아이를 낳아놓고 모든 것을 똑같이 누리려고 해? 말하자면 내가 괴로움을 겪었던 만큼, 괴로움을 참아내는 스스로에게 자긍심을 느꼈던 만큼, 남들에게도 같은 것을 기대했던 것이다. 결국 같은 논리다. "난 했는데 왜 너흰 못해?"

어쩌면 페미니즘에 적대적인, 여성주의에 반발하는 여성들의 입장 역시 이와 비슷할지 모른다. 여성운동을 하는 이들 입장에서는 이러한 여성들을 볼 때 왜 여성의 권익을 신장시키자는데 반대하지? 여성의 권리를 쟁취하자는데 왜 같은 여성이 반대하지? 이러한 의구심이 들 수 있겠으나, 페미니즘이라 하여 모든 여성에게 같은 색깔로 다가오지 않는 것이다. 어떤 이들에게 있어서는 페미니즘이 지금껏 애써 일구어온 자신의 '노력'을 물거품으로 만드는 것처럼, 노력하여 남들보다 앞서게 된 자신의 '자산'을 망가뜨리는 것처럼 느껴질 수 있는 것이다.

그간 얼마나 고생을 했는데, 그토록 고통을 겪어도 참았는데, 그렇게 참고 또 참으며 힘들게 여기까지 왔는데, 이제 겨우 내 자리를 찾았는데, 드디어 인정받게 되었는데, 그게 모두 헛수고가 된다고? 남들은 이렇게 안 해도 된다고? 그럼 지금까지 내가 해온 건 다 뭐야? 하는 반발심에 더하여, 나 정도면 잘 버티고 있는 거지, 잘 하고 있는 거지, 나는 평범한 많은 여성에 비해 탁월한 능력이 있는 거지, 하는 자기 위안을 페미니즘이 깨부수는 것처럼 느껴졌을지도 모른다. 그나마 비루한 현실에서 발버둥치며 버티어온 자신의 노력과, 그로 인해 남자들의 세계에서 아주 미약하게나마 인정받았던 성과가 무너져버리지는 않을까 하는 두려움.

이와 같이 노키즈존에 찬성하던 과거 내 모습에 빗대어 보니 소위 말하는 '명예남성'의 행동이 상당 부분 이해가 가는 측면이 있었다. 그 또한 일종의 생존전략이라 생각하니 예전처럼 밉거나 화가 나기보다는 짠한 마음이 들기까지 했다. 다들 살아남기 위해 고생이 많구나, 저 마음속은 과연 어떨까 싶은 생각이 들면서 그들 한 명 한 명의 인생의 고단함을 헤아려보게 되는 계기가 되기도 했다.

고통을 대물림하지 않겠다는
마음이 이룬 변화

물론 언제나 그렇듯이 이해할 수 있다고 하여 인정할 수 있는 것은 아니다. 내가 힘들게 고생하고 참았다고 굳이 남들까지 그 힘든 길을 걸어가야 할 필요성은 아무리 고민해도 찾기 어렵다. 내가 아이를 키우면서 외로움과 불편을 겪었다고 하여, 남들까지 그런 경험을 해야 할 필요는 전혀 없다. 아이랑 집 안에 갇혀 지내다시피 하던 날들이 괴로웠으면, 그것을 남들에게도 똑같이 강요할 것이 아니라 그를 타개할 대책을 마련하는 것이 더 우선이다. 여성 문제에 있어서도 해법은 크게 다르지 않다고 생각한다.

이런 생각 때문인지, 요즘 들어서는 '고통의 대물림'이 아닌 '고통의 단절'에 집중하는 사람들에게 고마움을 느낀다. 그리고 살다 보면 가끔이지만 그런 사람들을 본다. 자신이 겪은 고통을 대물림하지 않기 위해 애쓰는 사람들, 잘못된 전통은 과감히 끊어낼 수 있는 사람들을 말이다.

이쯤에서 나의 시어머니 이야기를 해보려고 한다. 불편한 고부 관계로 고민하는 이들이 많아 다소 면구스럽기는 하지만 나는 결혼한 지 10년 가까이 되도록 이렇다 할 시집살이 혹은 불편한 경험을 한 적이 거의 없다. 시부모님은 늘 일정한 거리를 유지하면서 다정하고 편안하게 대해주신다. 평소에는 물론이고 명절에도 나는 이렇다 할 음식을 하거나 전을 부치느라 힘들었던 적이 없다.

다 같이 만날 때는 주로 외식을 하고 설거지는 돌아가면서 한다.

결혼 전까지만 하더라도 고부관계는 모두 나쁘기만 한 것이라고 생각했다. '시월드'는 드라마에 나오듯 일방적이고 갑갑한 관계가 대부분일 것이라고 생각했다. 그러나 시부모님 덕분에 이런 관계도 있을 수 있다는 것을 알게 되었다. 가끔 의아한 생각이 든다. 시어머니 역시 시집살이 경험이 있고 여성으로서 어려운 세월을 살았는데 어떻게 이럴 수 있을까. 생각할수록 놀라운 일이다.

추석이라는 민족의 대명절이 다가올수록 지역 맘카페에서는 난리가 난다. 친정을 먼저 가느냐, 시가를 먼저 가느냐로 다툰 이야기를 비롯해 자신은 허리가 휘도록 앉아서 전을 부치는데 나가서 놀고 있는 남편을 바라볼 때의 심경까지 내용은 다양하나 결은 모두 동일하다. 고강도의 스트레스. 흥미로운 지점은 해가 갈수록 이러한 경향이 조금씩이나마 완화되고 있다는 것이다. 명절 스트레스를 호소하는 경향은 미약하나마 줄어들고 있으며, 동시에 친정을 먼저 간다거나 해외여행을 간다며 명절을 긍정적으로 반기는 이들은 늘어나고 있다. 음식도 직접 하는 대신 사다 먹는 모습이 늘어나는 추세다. 명절 때마다 말썽이던 제사를 합치거나 없앴다는 이야기도 종종 본다.

나는 이러한 변화가 나의 시어머니와 같이 자신이 겪었던 부당한 경험을 대물림하고 싶지 않았던 사람들이 안간힘을 쓰며 노력한 결과라고 생각한다. 자신이 그 자리에 이르기까지 겪었던 불평등한 경험, 그것을 나도 겪었으니 너도 당연히 겪어야지 하는 게 아니라, '내가 겪은 고통과 괴로움을 다른 사람이 더는 답습하지 않았으면 좋겠다' 하는 그 마음이 변화를 만들어낸 것이라고 본다. 다 같이 손을 잡고 더 나은 세계로 나아가자는 마음들. 어렵지만 과감한 결정을 한 그분들, 더 많은 사람을 더 행복하게 만들고자 하는 그분들의 마음에 감사하고 싶다. 그러한 분들로 인해 우리 사회는 느리지만 조금씩 변화하고 있는 것 같다.

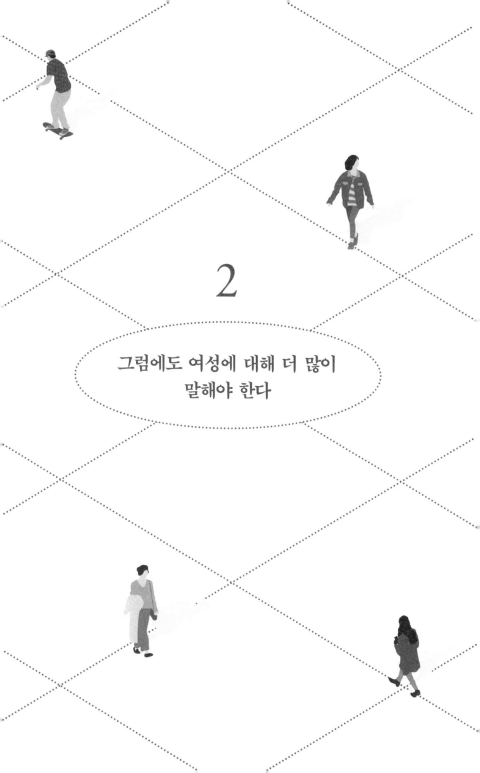

2

그럼에도 여성에 대해 더 많이
말해야 한다

출산율을
높이고 싶으신가요?

예전에 직장 다닐 때 결혼을 한 뒤 여러 가지로 고민이 많았다. 일단 남편의 직장은 대전이고 나의 직장은 서울이었다. 주말부부를 할 것인가, 한쪽이 직장을 그만두고 합칠 것인가를 비롯해 신혼집은 어떻게 할 것인지 등에 대해 고민을 거듭했다. 실상 첫아이를 낳을 때까지 우리는 신혼집조차 없이 생활했기 때문이다. 남편은 회사 근처 기숙사에 살았고 나는 친정에 머물렀다. 결국 내가 임신을 하게 되면서 직장을 그만두고 남편이 있는 대전으로 내려가기로 결정했고, 그때부터 우리 부부는 함께 살게 됐다. 나 혼자면 상관없지만 아이가 있는 상황에서 주말부부는 자신이 없었다.

당시 내 결정을 듣고 상사였던 팀장은 여러 번 만류했다. 여성들은 한번 경력이 단절되면 다시 돌아오기가 너무나 힘들다면서, 휴직 상태라도 좋으니 퇴사하지 말고 일단 이름만이라도 걸어놓고 내려가는 것이 어떻겠냐고 제안했다. 그 이야기를 듣고 한참을 고민했으나 결국 퇴사를 선택했다. 그때는 지금처럼 경력이 오랫동안 끊길 줄 예상하지 못했던 데다가 휴직 상태로 직을 걸어둔 직원을 주변에서 어떤 시선으로 바라보는지 잘 알고 있었기 때문이다.

나는 회사를 다니는 동안 출산 문제로 고초를 겪는 동료들을 많이 보았다. 출산 및 육아로 휴직 중인 직원들은 양가적인 감정의 대상이 되곤 했다. 주변에서는 누가 임신했다고 하면 축하를 하기에 앞서 자신의 안위부터 걱정했다. 미혼 시절의 나 역시 크게 다르지 않았다.

매정하게 들릴 수 있지만 실은 그럴 수밖에 없었다. 조직은 임신과 출산으로 인한 공백을 '당연하게' 여기지 않았고, 주로 '어쩔 수 없는' 상황처럼 취급했다. 공백에 대한 마땅한 대안을 따로 마련해주지 않았다는 뜻이다. 즉 휴직 중인 직원을 대신할 새로운 직원이 들어오는 일 같은 것은 일어나지 않았는데, 이는 출산과 육아로 자리를 비운 직원의 공백을 남은 사람들이 메워야 했다는 말이기도 하다. 자신의 업무만으로도 버거운 이들에게 남의 일까지 도맡으라는 요구가 반가울 리 없었다. 간혹 단기 계약직이나 아르바이트생을 고용하는 경우가 있었지만, 책임의 범위가 다르고 대부분 단순 작업을 하는 경우가 많아서 실상 큰 도움이 되지는 않았다.

오래전 같은 팀의 동료였던 이가 첫째 임신 후 출산·육아 휴직으로 1년가량 자리를 비우고 돌아왔던 적이 있다. 그녀는 복귀한 지 얼마 지나지 않아 둘째를 임신했다는 사실을 밝혔다. 주변의 모든 사람은 겉으로 축하한다고 말하면서도 뒤에선 수군거렸다. 그녀에 대한 이야기가 화제로 오를 때마다 '어떻게 그렇게 조심성 없이 또 임신을 할 수가 있느냐'는 이야기가 끊이질 않았다. 나 역시 크게 다르지 않았다. 그녀가 담당하고 있던 업무가 전부 나에게 오는 상황이었기 때문이다. 그때 나는 생각했다. '어떻게 저렇게 이기적이지?' '어떻게 임신을 또 할 수가 있어? 한 번도 아니고 두 번씩이나?'

결국 둘째를 낳으러 간 그녀가 자리를 비운 1년 동안 여러 번의 조직 개편이 일어났고, 복직한 그녀에겐 남들이 꺼리는 자리가 배정되었다. 바뀐 조직도를 받아든 그녀의 표정은 무척 어두웠으나 사람들은 당연한 결과라고 생각했다. "남들 일할 때 자기 애 본다고 자리 비웠는데 당연한 거 아냐?" 오래지 않아 그녀는 퇴사했다. 사람들은 퇴사를 두고도 다시금 수군거렸다. "휴직 수당이다 뭐다 챙길 것은 다 챙기고 단물이란 단물은 다 빼먹고 가네."

그런 상황을 알고 있는 상태였기에 섣불리 휴직할 수 없었던 것이다. 일단 복직을 할지 안 할지 장담할 수 없는 상황에서 복직하지 않을 경우 닥칠 후폭풍을 감당할 수 없을 것 같았다. 어느 것

하나 확실치 않은 상황에서 동료들에게 업무적인 부담을 주고 싶지도 않았다. 동시에 언제든지 마음먹으면 돌아올 수 있다고 생각했다. 대전에서 취직할 수도 있는 거고 여차하면 서울에서 취직해 다시 주말부부를 할 수도 있을 것이라고. 결국 나는 나중에 다시 생각해보기로 하고 호기롭게 퇴사 절차를 밟았다.

첫아이를 출산한 뒤에야 그것이 얼마나 천진난만한 생각이었는지를 깨달았다. 아이가 있는 상황에서는 원하는 직장을 금방 구할 수 없을뿐더러, 설령 직장을 구하더라도 내 상황에 맞춰 아이를 돌보아줄 사람을 구하는 일이 만만치 않다는 것을 알게 되었다. 오래전 육아휴직을 쓰는 이들을 보며 했던 생각, 출산휴가 3개월이면 충분한 것 아닌가 하는 생각이 얼마나 어리석었는지, 실상 3개월짜리 아기를 떼놓는 일이 얼마나 어려운지, 100일짜리 갓난쟁이가 얼마나 연약하고 어린지를 아이를 낳아보고서야 알았다. 그러고 나서야 그때 그들이 어떤 심정이었는지를 어렴풋이 짐작할 수 있었다.

가끔 옛 동료들의 소식을 들을 때가 있다. 대부분 나처럼 결혼 및 임신을 거쳐 회사를 떠났거나 욕을 잔뜩 먹으면서 버티고 있었다. 그러나 온갖 욕을 먹으며 버텼던 사람들 또한 대부분 출산과 육아 기간의 부재에 대한 대가로 인사평가에서 최하위의 고과를 받았고, 동료나 후배에게 승진이 밀리고 조직개편 때마다 위태로운 대상이 되었다. 그들은 그렇게 점차 원하지 않는 곳으로 밀려났고 결국 몇 명을 제외한 대부분은 퇴사했다.

최근 한국이 세계 최저의 출산율을 기록한 것을 두고 여기저기서 말이 많다. 심지어 몇 해 전 한 국회의원은 인사청문회 자리에선 여성 후보자에게 "아직 결혼 안 했냐"고 물으면서 "본인의 출세도 좋지만 국가 발전에 기여하길 바란다"는 이야기를 던지기도 했다. 이런 사람들은 임신과 출산이 여성의 인생에서 어느 정도의 영향력을 갖는지 제대로 이해하지 못한 듯싶다. 어떤 사람들은 출산율을 높이기 위해 아이를 낳으면 돈을 많이 주자고 이야기하기도 한다. 물론 출산율에 경제적인 문제가 영향을 미치지 않는다고 할 수는 없으나 이 역시 본질과는 거리가 있는 이야기다.

임신과 출산은 경제적인 문제보다 아이를 낳은 이후 두 사람의 삶에 얼마나 큰 변화가 일어나는지와 관계가 깊다. 대한민국에서 임신과 출산을 겪은 뒤 여성의 삶은 그 전과 완전하게 달라진다. 남성 역시 변화를 겪지만 여성만큼은 아니다. 양육의 부담은 여전히 여성이 더 많이 짊어지고 있고 경력을 구축해 나가는 것 또한 쉽지 않다. 물론 출산 이후 성공적으로 경력을 이어가는 사람들이 있다. 그러나 이들 역시 친정어머니나 시어머니의 영혼을 갈아 넣으면서 혹은 본인 스스로를 갈아 넣어 그 자리를 유지하는 것이다.

나는 내가 낳은 두 아이를 아주 사랑한다. 결혼 후 지금까지의 선택에 후회가 없지만 이것은 어디까지나 남편이 적극적으로 육아와 가사를 분담하고, 내 입장을 배려해준 덕분이다. 지원해주는 사람을 만나지 못했더라면 여러모로 어려웠을 것이다. 개인적으로는 굉장히 운이 좋은 케이스라고 생각한다.

그럼에도 불구하고 배우자 한 사람의 인성에 기대야 하는 관계가 얼마나 위태로운지에 대하여 종종 생각한다. 그렇기 때문에 여성을 대하는 사회의 근본적인 시각과 경력 문제에 대한 해결책이 없는 한 혼인율과 출산율 저하는 앞으로도 계속 이어질 수밖에 없으리라고 생각한다. 현재 1 이하를 기록한 출산율은 앞으로도 계속 떨어질 것이고, 결국 한국은 새로운 인구 없이 자연스레 소멸의 길을 밟을지도 모른다. '맘충'이라는 말이 사회적 유행어가 되고, 출산휴가나 육아휴직을 내면 손가락질 받는 상황에서, "네 자식은 네가 키워"라는 말이 나오는 현실에서 여성들이 비출산을 택하는 것은 어쩌면 필연이다.

혹 이 사실이 암담하고 암울하여 견딜 수 없는 이들이 있다면 여권 신장 운동에 보다 적극적으로 동참하는 것은 어떨까. 그것이 여성들에게 아이를 낳으라고 닦달하거나 협박하는 것보다, 출산하면 돈을 많이 대주겠다는 어설픈 회유보다 훨씬 유의미한 결과를 낳지 않을까 싶다.

김지영은 모든 여성의
대변인이 아니다

영화 〈82년생 김지영〉에는 이런 장면이 나온다. 주인공 김지영이
아이 어린이집 엄마들 모임에 참여했다가 다른 엄마들의 출신 대
학과 전공을 알게 되는 장면이다. 김지영은 그 자리에 있는 엄마
들이 누구는 서울대 수학과를 나왔고, 누구는 연기를 전공했고,
누구는 공대를 졸업했다는 것을 알게 되면서, 지금은 모두 똑같
은 모습처럼 보이지만 한때는 모두 꿈이 있고, 직업이 있었던 사
람들이라는 사실을 깨닫고 깜짝 놀란다.

　영화를 보는 동안 마음 아픈 순간이 많았으나 이 부분에서 특
히나 생각이 많아졌다. 결국 여성이라면 어떤 대단한 성취를 이

루었든, 얼마만큼 열심히 공부를 했든, 어떠한 재능을 지녔든, 대부분 아이 엄마 신분으로 끝날 수밖에 없다는 것을 영화가 시사하는 듯했기 때문이다.

영화적 설정이라 볼 수도 있겠으나 이는 결코 과장이나 허구가 아니다. 실제로 영어와 러시아어에 능통한, 명문대를 졸업한 내 친구는 퇴사 후 집에서 아이를 돌보고 있다. 박사과정까지 공부한 나의 시누이 역시 집에서 아이들을 돌보고 있다. 동창, 선후배를 비롯하여 많은 여성 친구들이 모두 집에 있다. 한때는 다들 직장생활을 했던 이들이다.

회사에서 존경하던 여성 선배 중 많은 이들이 결국 못 버티고 퇴사 후 아이를 돌보고 있다. 다른 친구 한 명은 몇 년 전 카카오스토리에 이런 내용을 적기도 했다. "이럴 거면 공부는 뭐 하러 했나 싶은 생각이 들고 자꾸 눈물만 난다." 물론 지금 이 글을 적고 있는 나 또한 아이들을 돌보기 위해 결국 퇴사를 할 수밖에 없었다.

그런데 〈82년생 김지영〉 속 이 장면을 두고 또 말이 많았던 모양이다. 이유는 대학을 나오지 않은 엄마들을 소외시켜서. 대한민국 국민 모두가 대졸자인 것도 아니건만 그런 부분은 전혀 고려하지 않고 있어서. 엄마들 중에는 마치 저런 사례만 있는 것처럼 다루어서. 사실 이 비판은 〈82년생 김지영〉에 줄곧 제기되는 문제점과도 상통한다. 말하자면, 김지영이 '대졸 중산층 여성'의 삶만을 다루고 있다는 비난이다.

사실 지적 자체는 맞는 말이다. 엄마들이라고 모두가 대학을 나온 것은 당연히 아니며, 그 와중에 더 힘들고 더 소외된 여성들이 분명히 존재한다. 우리가 사는 세상에는 아예 부각조차 되지 않는, 보이지 않는 여성들의 삶이 있다.

김지영은 되고, 장그래는 안 되는 것

하지만 이런 비판이 나올 때마다 조금 의아한 지점이 있다. 그럼 대졸 여성의 삶은? 소위 말하는 '중산층' 여성의 삶은? 아예 이야기조차 해선 안 되는가? 아무 말도 하지 말아야 하는가? 하는 지점이다. 이 세상에 완벽한 삶은 어디에도 없는데, 대졸 여성들 또한 마찬가지인데, 대체 그들의 고충과 어려움에 대해서는 누가 이야기할 수 있는가 하는 부분이다.

예를 들어 드라마 〈미생〉이 장그래라는 한 인물을 중심으로 비정규직 문제를 다루었을 때, 장그래가 계약직 신분으로 겪는 온갖 미묘한 차별이나 서러운 에피소드를 두고 이런 말을 하는 사람은 없었다. "그래 봤자 저건 공부 좀 한 사무직들의 이야기잖아! 지금 이 시간에도 안전한 노동환경조차 보장받지 못하고 죽어가는, 대학도 못 나온 소외된 젊은이들이 얼마나 많은데! 나는 〈미생〉을 보면서도 소외감을 느낀다고!"

이는 아마도 〈미생〉의 주인공 장그래가 그 자체로 개별성을 획득하고 있었기 때문일 것이다. 장그래가 모든 남성의 삶을 대변하는 것도 아니고, 모든 불쌍한 청춘을 대변하는 것도 아니며, 모든 비정규직과 계약직의 인생을 대변하지 않는다는 사실을 이미 모두가 알고 있기 때문에. 장그래는 그냥 장그래니까.

동시에 장그래의 성별은 분명 '남성'이었음에도 불구하고, 장그래의 이야기를 비정규직 '남성'의 이야기로만 받아들이는 사람은 없었다. 장그래는 그냥 장그래 그 자체인 동시에, '남성'이었음에도 불구하고 성별 구분 없이 비정규직 전반을 대표하는 존재였다.

시청자들이 〈미생〉을 보는 동안 비정규직 여성의 문제라든가, 다른 집단의 남성이 겪는 고충이라든가, 블루칼라 남성의 문제라든가, 이들보다 더 소외된 사람들의 이야기까지 하라는 요구를 하지 않았던 것은 아마도 그 때문이었을 것이다. 〈미생〉뿐만 아니라 다른 사회 문제를 다루는 영화, 드라마, 문학 또한 마찬가지다. 모두가 개별적인 서사로 다루어진다. 단, 그것이 여성 문제일 때만 빼고 말이다.

대졸 중산층 여성에게도 고통과 고민이 있다

켄지 요시노의 책 《커버링》과 김지혜의 책 《선량한 차별주의자》에는 더 약자이고 소수자일수록 입체성과 개별성을 획득하기 어렵다는 이야기가 나온다. 기득권자는 각자의 개성을 인정받기 쉬운 반면, 그 자체로 개별적인 존재가 되는 반면, 비기득권과 소수자는 하나의 스테레오 타입으로 퉁쳐지는 경우가 많다는 뜻이다.

달리 말하면 남성은 개개인 자체로 존재할 수 있는 반면, 여성이나 장애인, 성소수자 등은 무언가 목소리를 낼 경우에 주변에서 그 집단에게 갖는 스테레오 타입, 혹은 대표성을 띤 이야기를 하기를 자동으로 기대한다는 것이다. 남성이라고 모두 같은 입장이 아닌 것처럼, 여성이나 성소수자, 장애인 또한 각자 서 있는 자리에 따라 바라보는 사안이 다름에도 불구하고 자신이 속한 어떤 집단을 대표할 것을 요구받는다는 이야기다.

페미니즘에 주기적으로 제기되는 문제 역시 마찬가지이다. 실상 여성주의자들은 여성 노동자의 인권에 대해, 여성 소수자가 겪는 차별에 대해, 여성 학자가 겪는 유리천장에 대해, 여성들이 겪는 폭력 전반에 대해 이야기하지만, 그들의 이야기에서 '여성' 뒤에 붙은 의제들은 지워지는 경우가 많다. '여성 노동자'에 대한 이야기는 노동 이슈로, '여성 소수자'에 대한 이야기는 소수자 전반의 이슈로, '여성 학자'가 겪는 차별에 관한 이야기는 학계 전반의 이슈로 흡수되어버리고, 그 결과 페미니즘은 중산층 여성의 삶만을 다룬다는 누명을 쓰곤 한다.

우리 사회에서 '인간'이라는 것은 이미 건장한 성인 남성을 기준으로 세팅된 경우가 많다. 따라서 비정규직 남성인 장그래의 이야기는 '이 사회를 살아가는 불안정한 비정규직'이라는 차원에서 인물 한 명 한 명의 특별한 이야기가 되지만, 김지영의 경우 왜 여성 '보편'의 서사를 다루지 않느냐, 왜 소외되는 모든 집단을 다루지 않느냐, 하는 비판을 듣게 된다는 이야기이기도 하다.

물론 세간의 지적처럼 김지영의 이야기가 대졸 중산층 여성의 삶, 그 안에서의 문제점만을 다루고 있다는 비판은 일견 맞다. 왜냐하면 김지영의 이야기는 김지영의 이야기일 수밖에 없고, 대졸 중산층 여성인 김지영의 입장에서는 대졸 중산층 여성의 이야기밖에 할 수 없기 때문이다. 한편으로 김지영 이전에는 대졸 중산층 여성의 서사가 거의 없었던 것도 사실이다.

당연한 이야기이지만 대졸 중산층 여성에게도 고통과 고민과 괴로움이 있다. 오히려 '저 정도 가지고 뭘', '더 힘든 사람 많고 많은데', 하는 시선 때문에 말하지 못했던 것들이 있다. 김지영에 이르러서야 비로소 그러한 것들이 이야기되기 시작한 것이다.

늘 그렇지만, 나는 각자 자기 자리에서 자신이 할 수 있는 이야기를 하면 된다고 생각한다. 김지영은 모든 여성을 대변하지도 않을뿐더러, 그럴 수도 없다.

신문에 칼럼을 쓰는 저는
주부입니다

한 달에 한 번씩 〈서울신문〉에 칼럼을 쓰고 있다. 2018년 여름부터 쓰기 시작했으니 만으로 어언 3년이 다 되어 간다. 글을 쓸 때 한승혜라는 내 이름 옆에는 '주부'라는 타이틀이 붙는다. 작가, 기자, 교수처럼 주부 한승혜. 지금에서야 하는 말이지만 당시에는 이걸 두고 꽤 고민했다. 직함을 무엇으로 할지에 대하여.

작가? 2020년 서평집을 낸 이후로 종종 작가라는 타이틀로 불리기도 하지만 이때는 아직 책을 내지 않은 상태였다. 그렇다면 이전 직장에서 했던 것처럼 마케터? 하지만 지금 마케팅 일을 전문적으로 하는 것도 아니고. 그럼 전 직장의 이름을 넣을까? 근데

현 직장도 아닌데 아무래도 좀 우습지 않으려나. 그러다가 문득 그런 생각이 들었던 것이다. 에라, 모르겠다, 그냥 주부라고 붙이면 어떨까. 솔직히 '주부'가 과연 직함이나 타이틀이 될 수 있을지에 대해 아무런 고민이 없었던 것은 아니다. 하지만 나 주부 맞는데 뭐 어때, 하며 결국 감행하게 되었다.

이런 나를 보며 남편이 말했다. 마치 RPG 게임에 가끔씩 등장하는, 놀라울 만큼 용감하고 겁이 없는 캐릭터 같다고. 말하자면 남들이 온갖 고급 장비와 최신 무기로 무장하고 전력을 다질 때, 홀로 누더기 옷에 곤봉 하나 들고 털레털레 싸우러 나가는 사람 느낌이랄까. 그도 그럴 것이 신문에 발표된 필진 리스트를 보니 죄다 교수, 학자, 작가, 변호사였던 것이다. 그리고 그 사이에 끼어 있는 '주부' 한 명.

남편을 비롯해 주변에서는 모두 '주부'라는 직함을 보고 '쿨'하고 재미있다고 이야기해 주었다. 나 역시 그런 반응을 볼 때마다 덩달아 재미있고 신나는 척했으나, 솔직한 마음으로는 심적인 부담이 조금 있었다. 주변에서 '주부'에 대해 어떤 인상을 갖고 있는지를 절실히 알고 있었기 때문이다.

아이 키우면서 논다는 말

첫째를 임신하고 얼마 안 되어 직장을 그만두었다. 일은 재미있었고, 상사는 여성이 한번 일터를 떠나면 돌아오기가 거의 불가능에 가까우니 다시 한번 생각해보라며 간곡한 조언을 건넸으나, 그때는 그럴 수밖에 없는 부득이한 사정이 있었다. 물론 퇴사 자체를 다소 가볍게 생각했던 것도 사실이다. 당시 나는 젊었고, 능력이 있었으며, 원하면 언제든지 다시 돌아올 수 있다고 생각했으니까. 아이 좀 키워놓고 다시 취직하면 되지 뭐.

물론 그게 얼마나 순진한 생각이었는지를 깨닫는 데는 오랜 시간이 걸리지 않았다. 출산 후에는 신생아의 5분 대기조 노릇을 하느라 취직은 생각할 틈도 없었다. 구인공고를 뒤져 면접을 보러 다니기는커녕 수면시간조차 확보하기 어려웠다.

아이가 좀 큰 다음에도 상황은 크게 달라지지 않았다. 믿고 맡길 별도의 보호자가 없는 환경에서 육아는 대개 엄마의 책임으로 귀결됐다. 남편의 적극적인 도움이 있었음에도 그러했다. 결국 아이를 돌보며 쓸 수 있는 시간이 한정적이었던 내게 열려 있는 문은 거의 없었다. 잠투정으로 칭얼대는 아이를 토닥일 때마다 상사가 건넸던 조언이 떠오르곤 했다.

그럼에도 사실 크게 절망하지는 않았는데, 회사가 그립긴 했지만 남편과 아이가 함께하는 생활 또한 나름 행복했기 때문이다. 본래 완벽하게 만족스럽기만 한 삶이란 존재하지 않는 법. 재취업이 안 된들 상관없다고 생각했다. 다른 직업으로 전직했다고 여기면 그만이었다. 아이를 돌볼 때는 보육교사로, 집안일을 할 때는 가사도우미로. 실제로 육아와 가사노동만으로도 하루가 정신없이 흘러갔다.

그러던 어느 날이었다. 부부 동반으로 남편의 지인을 만나게 되었는데, 비슷한 또래인 아이들을 두고 육아 이야기를 하는 중에 그가 문득 이런 질문을 던졌다. "그럼 지금은 집에서 쉬고 계시는 거네요?"

순간 머릿속에서 무언가 뻗쳐 오르는 듯했다. "좀 전에는 주말에 집에서 애들 보는 것보다 회사 가는 게 더 낫다며! 애들 보는 게 세상에서 제일 힘들다며! 그런데 뭐? 내가 회사 안 다닌다니까 집에서 쉬고 있냐고? 쉬는 게 뭐가 힘드냐? 그럼 어디 우리집 애들까지 데리고 가서 한번 지겹게 쉬어볼래?"라고 말하고 싶은 마음이 굴뚝 같았다. 물론 나에게도 사회생활의 가면이라는 게 있으니 당연히 그리 말하지는 못했지만 말이다.

결국 "아, 네. 그렇죠 뭐. 아직 아이가 어린이집 안 다니고 봐주실 분도 안 계셔서요"라고 적당히 넘기고 말았다. 하지만 그때의 기억은 두고두고 마음에 박혀 그의 이름을 듣기만 해도 "아, 나보고 논다고 했던 사람…"이라는 말이 저절로 튀어나올 지경에 이르렀던 것이다. 그만큼 내 안의 상처나 원한이 깊었던 모양이다.

그러나 시간이 지날수록 나는 인정할 수밖에 없었다. 그의 언행이나 인식이 특별히 더 나쁘거나 무지한 것이 아니라, 굉장히 보편적이라는 것을. 사람들은 아이랑 놀아줄 바에 차라리 회사에 나가는 것이 나을 정도로 육아가 힘들다고 말하면서도 실제로는 집에 머물고 있거나 실질적인 '돈'을 생산하지 못하는 사람을 두고

'쉬고 있다'는 말을 무신경하게 하는 경우가 많다는 사실을. 주부를 백수의 동의어로 생각하는 사람이 상당수라는 사실을.

또한 내가 아무렇지 않은 척하면서 속으로 발끈하며 굉장히 화를 냈던 것은 실은 나 자신이 어느 정도 그렇게 인식하고 있기 때문이었다는 사실 역시 알게 되었다. 스스로는 아니라고 하지만 나 역시 마음속 어딘가에서는 타이틀과 직함을 중요시하고 있었던 것이다. 그렇기에 남이 무심코 던진 한마디에 그토록 화가 났던 것인지 모른다. 그 말이 내 안의 열등감과 자격지심을 자극했기 때문에. "집에서 쉬고 계시는 거네요?"라는 질문을 통해 나는 비로소 그것을 알게 된 것이다.

아마도 그 때문이었던 것 같다. 신문사의 우려에도 불구하고 '주부'를 직함으로 내세운 것은. 원하면 '작가'라는 타이틀을 달아주겠다는 권유에도 불구하고 끝끝내 '주부'라는 이름을 선택했던 것은. 책이 나오고 난 뒤에도 '주부'를 고수한 것은. 주부 역시 직업의 일종이라는 것을 실은 누구보다도 스스로에게 보여주고 싶었다. 그럼으로써 무엇보다 스스로에게 당당해지고 싶었다. 남들이 뭐라 말하든 그에 개의치 않고 싶었다. 이름 석 자 앞에 붙어 있는 말이 작가든, 마케터든, 칼럼니스트든, 주부든, 나는 그저 나일 뿐이라는 것을.

견디는 것이 이기는 것

김예지의 책 《저, 청소일 하는데요?》는 작가가 회사를 그만둔 뒤 청소일을 하면서 그린 만화다. 조직생활도 맞지 않고 자신의 꿈 (그림)을 실현할 시간도 부족하다고 생각한 그는 다니던 회사를 그 만두고 프리랜서로 작품 활동을 하기로 결심한다.

그러나 머릿속으로 그려보았던 원대한 꿈과 다르게 퇴사한 뒤 작품은 전혀 진도가 나가질 않고, 생활비는 점점 떨어져 간다. 부 모님의 도움을 언제까지고 받을 수도 없는 노릇이다. 하는 수 없 이 다시금 취직이라도 하려고 일자리를 알아보지만 경력이 단절 된 여성을 써줄 곳은 많지 않은 현실. 결국 원서를 내는 족족 탈락 하고, 마침내 돈이 없어진 그는 고심 끝에 엄마와 함께 청소업체 를 차려 청소일을 하게 된다.

밥벌이의 고됨이 생생하게 담겨 있는 이 에세이집에서 나의 눈길을 가장 끌었던 부분은 육체노동 그 자체보다도 남들의 시선 을 극복하는 게 훨씬 더 어려웠다는 대목이었다. 남들에게 선뜻 '청소일' 한다고 말하기 어려운 경우가 많았다는 것. 누군가 자신 을 '청소노동자'라고 지칭할 때 그에 대한 거부감이 들 때가 많았 다는 것. 처음에 이 부분을 읽으면서 나는 고개를 조금 갸우뚱했 었다. '아니, 청소일을 그렇게 이상하게 보는 사람들이 있나? 열 심히 일해서 떳떳하게 돈 벌고 있는데 뭐 어때? 왜 그런 걸 신경 쓰지?' 하고 말이다.

그러다 나의 경우와 대비해서 생각해보니 갑자기 이해할 수 있을 것 같았다. 대부분의 사람이 그렇지 않다고 하더라도 간혹 가다 한두 사람이 던지는 한마디가 가시처럼 박히는 경험. 그 한두 사람이 마치 전체처럼 보이는 경험. 그리고 다른 사람들과는 별개로 스스로의 시선과 생각이 더 괴롭게 와 닿는 경험. 나 역시 "집에서 놀고 계시네요?" 혹은 "쉬시는 중이네요?"란 질문을 통해 같은 경험을 해보았기 때문이다.

책 속에서 그는 "남의 시선을 어떻게 이기나요?"라는 질문에 "이겼다기보단 견뎠어요"라고 대답한다. 마음으로는 이기고 싶었지만 사실은 이기질 못했다고. 그래서 신경은 쓰였지만 그냥 견뎠다고. 그러나, 그럼에도 자신은 그림을 그리고 싶기 때문에, 그림을 그리는 동시에 생계도 해결하기 위해서는 청소일을 계속해야 하기 때문에, 그것이 '밥벌이'의 수단이기 때문에 견디는 것이라고. 그 말에 왠지 묘하게 위로를 받았다. 그 말에 기대어 이후의 많은 순간을 견뎌왔던 것 같다.

실은 견디는 것이 결국 이기는 것이라 생각한다.

삶의 온도 차

몇 년 전 친정을 방문했던 날 작은 소동이 있었다. 오랜만에 친구들과 약속을 잡고 늦게까지 놀다가 택시를 타고 돌아오게 됐는데, 내리고 보니 핸드폰이 없었다. 아무래도 음식점에 두고 온 것 같은 느낌이 들어 다시 택시를 잡아타고 저녁을 먹었던 가게로 향했다. 물론 핸드폰은 없었고 결국 한 시간가량 헤매다 포기하고 귀가했다. 그런데 돌아와서 현관문을 열다가 정말이지 깜짝 놀라고 말았다. 깊은 새벽이었음에도 온 집 안의 불이 켜져 있었고, 잠들어 계실 줄 알았던 부모님이 초조하게 거실에서 서성이고 계셨던 것이다. 엄마의 한 손에는 다시는 못 볼 줄 알았던 내 핸드폰이 들려 있었다. 정신이 하나도 없었다. 지금 이게 무슨 상황이지?

알고 봤더니 핸드폰은 처음 탔던 택시에 떨어져 있었다고 한다. 늦게까지 연락이 없자 부모님이 전화를 거셨는데 다행히 기사님이 받아서 가져다 주셨다고. 문제는 핸드폰은 돌아왔지만 정작 한 시간도 더 전에 집 앞에 내렸다는 핸드폰의 주인이 사라졌다는 사실이었다. 기겁한 부모님은 실종신고를 하러 경찰서로 가기 직전이었다고 한다. 이야기를 듣는데 부모님께 언질이라도 하고 다녀올 걸 싶은 생각이 들면서 참으로 민망하고 죄송스러운 생각이 들었다. 한편으로는 어린아이도 아닌데 왜 그렇게까지 걱정을 하셨을까 하는 의아함이 들기도 했다. 회사 다니던 때도 회식이다 뭐다 해서 늦게 귀가하는 일이 종종 있었는데.

다음날 아침 간밤에 걱정을 끼쳐 죄송하다는 말씀을 드리고, 그렇지만 조금 '오버'하신 느낌이 들기도 했다고 살짝 웃으며 이야기하자 엄마는 말씀하셨다. "세상이 워낙 험하잖아. 뉴스 보다 보면 온갖 생각이 다 들어." 듣고 보니 걱정하는 것이 오히려 당연한 상황이었다. 당장 그날만 하더라도 폐지를 줍던 여성 노인이 지나가던 행인에게 살해당했다. 그보다 며칠 앞선 날에는 한 남성이 상견례를 앞둔 여자친구를 살해하는 사건이 발생했다. 그 전날에는 남성이 교제하던 여성과 헤어진 후 애인의 일가족을 살해한 사건이 일어나기도 했다. 모두 만나던 당시에는 '멀쩡해' 보이던 사람들이었다고 한다. 입장을 바꾸어 내가 집에 있고 엄마로부터 연락이 끊기는 상황이 일어났더라면, 나 역시 무척이나 걱정했을 것 같다.

언젠가 남성 지인이 그런 이야기를 한 적이 있다. 페미니즘과 관련하여 이런저런 말들이 많지만 본인은 하나도 공감이 가질 않는다고. 여성의 권익 신장이 필요하다고 하지만 요즘은 '안전' 문제 빼고는 대부분 동등해지지 않았냐고. 그렇기 때문에 자신은 페미니즘 이슈에 동의하기 어렵다고. 하지만 '안전' 문제가 때로는 모든 것일 수도 있다. 활동 시간과 지역에 '안전'을 고려해야 하는 것, '안전' 때문에 행동에 늘 제약이 생긴다는 것, 하다못해 택시를 탈 때조차 주의를 기울여야 한다는 것, 공중화장실조차 마음대로 이용하지 못하는 것.

노래방 화장실에서 한 사람이 단지 여성이라는 이유로 모르는 남성의 손에 죽은 것이 그리 오래 전의 이야기가 아니다. 그 이후에도 여성을 대상으로 한 범죄가 하루 걸러 하루 꼴로, 아니 요즘 같아선 거의 매일 벌어지고 있다. 얼마 전에는 스토커 남성에 의해 세 모녀가 무참하게 살해당하는 사건이 발생하기도 했다. 그렇게 온갖 사건 사고를 접하다 보면 여성으로서 오늘날까지 죽거나 다치지 않고 멀쩡하게 지낼 수 있는 것은 오로지 운이 좋았기 때문이라는 생각까지 든다.

성비를 맞춘다는 함정

그럼에도 불구하고 사회는 여성의 안전 문제를 어디까지나 부차적인, 후순위 문제로만 취급하는 듯하다. 2019년 한국방송광고진흥공사에서는 데이트 폭력을 예방한답시고 이러한 광고를 제작하기도 했다. 해당 광고는 화가 난 남성이 소리를 지르는 장면으로 시작한다. "지금 몇 시야! 내가 일찍 다니라고 말했잖아!" 이후로도 남성과 여성의 목소리가 번갈아 나오며 "누구랑 연락했어? 핸드폰 이리 줘봐!", "그런 옷 입지 말라고 몇 번 말해. 다른 사람이 쳐다보는 거 싫다 그랬지!", "내가 그 모임 싫다 그랬지. 신경 쓰게 하지 마!"라는 대사를 읊는다. 마지막 마무리는 이렇다. "사랑하는 척하지 마세요. 데이트 폭력, 강요와 통제에서 시작됩니다."

이 광고에는 두 가지 주요한 문제점이 있다. 아마도 여론을 의식해 매우 신중하게 조합했을 동등한 성비는, 청취자로 하여금 성별과 무관하게 누구나 데이트 폭력 문제를 비슷하게 겪고 있다는 인식을 갖게 만든다. 물론 여성 가해자와 남성 피해자 역시 존재하지 않는 것은 아니지만, 한국여성의전화에 따르면 신고가 접수된 거의 모든 사건(94.3%)의 피해자가 여성이었다고 한다. 가해자의 대부분은 그들의 배우자와 애인 및 데이트 상대인 남성이었다. 실질적인 피해자의 대다수가 여성인 상황에서 공익광고 속 성비를 철저하게 맞추는 것이 과연 어떠한 의미가 있는지, 피해를 예방하는 데 정말 도움이 되긴 하는 것인지 되묻지 않을 수 없다.

또한 경각심을 불러일으키려는 본래의 목적과 다르게 해당 광고는 오히려 데이트 폭력에 대한 인식 자체를 경미하게 만들어버리는 효과를 낳는다. 마치 남녀 사이의 가벼운 사랑싸움인 양

말이다. 물론 사랑하는 척, 걱정하는 척 상대를 통제하고 강요하는 행위 역시 폭력이 될 수 있다는 광고의 메시지는 엄밀히 따졌을 때 틀린 말은 아니다. 그러나 광고는 되려 지금 이 시간, 실제로 심각한 폭력을 당하고 있는 많은 이들의 상황을 순식간에 잊히게 만든다. '성별과 관계없이 누구나 당할 수 있는 것이 데이트 폭력'이라는 메시지를 강조함으로써, 실질적으로 위협을 당하는 이들의 처지를 흐릿하게 만들어버리고 만다.

시대 변화에 맞추어 데이트 폭력에 대한 인식도 개선하려는구나 하고 애써 좋은 마음을 가져보려 했음에도, 광고를 볼 때마다 이상하게 뒷맛이 씁쓸했던 까닭은 아마도 그 때문이었을 것이다. 폭력에 물을 탄 느낌 때문에. 일상에서 일어나는 실질적 위협을 무시하고 기계적으로 맞춘 균형 때문에. 실제로 광고가 방영되었을 당시 많은 남성이 해당 광고를 환영하며 말했다. "남성천대시대에 성비 균형을 맞춘 이런 광고가 나오다니!" "여친한테 구속이랑 집착 당해본 사람들은 기분 알죠!" "매번 여자만 피해자로 나와서 불편했는데 간만에 정상적인 광고가 나왔군요." 여성의 권익이 남성에 비해 뭐가 미흡한지 모르겠다는 뭇 남성들의 반응 또한 이러한 광고가 담고 있는 인식의 연장선상이었을 것이다.

두려움 없이 밤길을 다니고 싶을 뿐

다른 남자와 만나는 것 아니냐는 의심을 한 남자친구의 칼에 여성이 찔려 죽는 사건이 한 해에만도 수없이 발생한다. 인터넷에는 어떻게 하면 '무사히' 애인과 헤어질 수 있을지 고민하는 여성들의 상담글이 가득하다. 누군가 광고 속 성비가 알맞다고 흡족해하고 있을 상황에 어쩌면 다른 누군가는 생명의 위협을 느끼며 떨고 있을지도 모를 일이다. 여성이 무조건 피해자라는 이야기가 아니다. 남성은 무조건 가해자라는 것 또한 아니다. 다만 기계적인 평등과 중립의 강조는 종종 문제의 본질을 흐린다는 것이다. 당시 해당 광고를 볼 때마다 나는 여자친구를 때린 뒤 "네가 나한테 자꾸 강요하고 간섭하니까 그런 거잖아. 너 그런 것도 데이트폭력이다?"라고 말하는 사람의 모습이 자꾸만 연상되곤 했다.

혹자는 최근의 페미니즘이 성대결을 유발하며 남녀 사이의 갈등을 조장한다고 말한다. 모든 남성을 잠재적 범죄자 취급하지 말라며 화를 내기도 한다. 그러나 누군가에게 맞거나 죽을 수도 있다는, 혹은 화장실에서 용변 보는 장면이 찍힐 수도 있다는 불안과 공포 앞에서, 모든 남성이 똑같지 않다는 이야기는, 성별 관계없이 폭력과 범죄를 지지르는 사람이 문제라는 주장은 얼마나 공허한가.

나는 남성을 미워하지 않는다. 모든 남성을 나쁘다고 생각하는 것 또한 당연히 아니다. 신뢰하는 남성 지인들이 많으며 가까운 친구 중에 남성들도 많다. 다만 수많은 남성 중에서 누가 위험한 사람이고 그렇지 않은 사람인지를 알아볼 방법을 모르고, 그래서 늘 두려워할 뿐이다. 내가 원하는 것은 단지 두려워하지 않고 공중화장실에 다니는 것, 늦은 밤 생명의 위협을 느끼지 않는 것, 연인과 헤어지면서 후환을 두려워하지 않는 것, 화장실에서 몰카에 찍힐 걱정을 하지 않는 것, 택시를 탈 때마다 기사를 의심하지 않는 것, 단지 그런 것뿐이다. 이게 그리 큰 욕심이라고 생각하진 않는다.

버닝썬에 간 그녀는
위험한 일탈을 꿈꿨을까

영화 〈아저씨〉를 좋아한다. 극장에서만 세 번인가 봤고 이후로도 가끔씩 보고 있다. 솔직히 말해 대단히 훌륭한 메시지를 담은 영화라고 하기는 어렵다. 그럼에도 불구하고 신작이 쏟아지는 가운데 이 오래된 영화를 주기적으로 보고 있으니, 내게 있어서는 일종의 길티 플레저인 것 같기도 하다. 그렇게 여러 번 보는 사이 영화의 자잘한 장치들을 살펴보게 되었고, 장면 장면에 대해 생각해볼 기회가 있었다. 그러면서 알게 되었다. 영화 〈아저씨〉에는 작품의 완성도나 깊이를 떠나 치명적인 문제점이 있다는 사실을. 그중에서도 여성을 활용하는 방식은 특히나 끔찍하다.

영화 속에서 몇 안 되는 여성 캐릭터는 모두 방탕하고 문란한 생활을 하다 잔인하게 살해되며, 젊음이 소진된, 즉 여성성을 상실한 할머니 캐릭터는 어린아이를 착취하는 악독한 인간으로 묘사된다. '소모되지 않는' 여성은 주인공인 소미가 유일하다. 소미는 죽지도 않고 망가지지도 않은 채로 마지막까지 살아남는다. 소미가 마지막까지 살아남을 수 있었던 것은 물론 주인공이어서이기도 하지만, 특전사 출신의 '아저씨'로부터 구원받았기 때문이다. 그리고 아저씨가 그 모든 위험을 무릅쓰고 소미를 구하러 나섰던 것은 그녀가 '순결'하고 '순수'한 어린아이였기 때문이다. 소미의 엄마와는 다르게 말이다.

물론 〈아저씨〉에 대한 분석이나 비판이 이 글의 주제는 아니다. 〈아저씨〉는 훌륭한 오락 영화이다. 다만 훌륭한 오락성에 반해 영화 속 여성에 대한 인식은 터무니없이 납작하고, 그 사실이 그저 씁쓸할 따름이다. 비단 〈아저씨〉만의 문제는 아닐 것이다. 문학과 영화는 상상의 산물이지만 현실의 재현이기도 하다. 영화에서 여성들이 사용되는 방식은 요즘 말로 'PC(정치적으로 올바르지 않은)'한 한편, 현실의 인식을 상당 부분 반영한다.

영화에서 주인공 차태식(원빈)은 소미를 납치해 간 일당을 찾기 위해 나이트클럽을 방문하고, 엘리베이터에서 범인 중 한 명인 만석을 마주친다. 만석은 왠지 모르게 포스가 느껴지는 차태식을 경계하며 이런 대사를 한다. "처음 오셨나 봐? 여기 물 좋아요. 애들이 아주 야해." 물이 좋고 야하다는 것은 무슨 뜻일까. 만석이 덧

붙인 말 역시 의미심장하다. "나도 여기서 많이 건졌어요."

다음 장면에서는 장기밀매 브로커인 도치가 등장한다. 그는 부킹을 당해 테이블로 끌려온 여성을 살살 구슬리다 술잔에 정체 모를 액체를 몰래 투입한다. 술을 마신 여성은 얼마 안 가 정신을 잃고, 곧이어 화장실로 끌려가 강간을 당한다. 그것으로도 끝이 아니다. 강간 이후에도 여전히 정신을 잃은 채 칸막이 안에 버려져 있던 그녀는 차태식을 뒤따라온 킬러에게 총을 맞고 살해당한다. 칸막이 밑으로 흘러나오는 피를 보고 문을 활짝 열어젖힌 킬러는 죽은 여성을 보고도 놀라지 않는다.

물론 킬러는 직업상 당연히 그럴 수 있을 것이다. 놀라운 사실은 그 장면을 지켜보는 관객들 역시 놀라지 않는다는 것이다. 나역시 처음 영화를 볼 당시부터 그러했으며, 해당 장면에 대해 이의를 제기하거나 의문을 품는 사람을 여태껏 한 번도 만나본 적이 없다. 왜? 물론 스쳐지나가는 장면이어서인 점도 있지만, 죽은 여성이 엑스트라이기 때문인 것도 있지만, 그다지 중요하지 않은 장면이어서인 것도 있지만, 한편으로는 영화를 보는 모두가 해당 여성의 말로가 썩 좋지 않을 것을 예감하고 있었기 때문이기도 하다.

왜? 사망한 이는 나이트클럽에 온 여성이니까. 나이트클럽에 와서, 남성과 합석해서, 뭐가 들어 있는지도 모르는 술을 냅다 받아 마신 여성이니까. 결국 본인 스스로를 위험에 노출시킨 꼴이니까. 몸을 함부로 굴린 여성은 대가를 치러 마땅하니까.

〈아저씨〉는 2011년 개봉한 영화지만, 오늘날에도 여성의 현실은 크게 다르지 않다. 2019년 클럽 버닝썬에서는 직원들이 여성 고객을 대상으로 조직적으로 약물을 투입하고, 정신을 잃은 여성들을 손님들에게 '제공' 했다는 주장이 나왔다. 즉, 강간을 영업에 이용한 셈이다. 이들은 심지어 여성들의 사진을 단골들에게 보내면서 와서 '드시라'는 말을 했다고 한다. 저희도 '먹었'다면서. VIP 대접을 받았다는 한 고객의 증언에 의하면 자신에게 전송된 여성의 사진만도 10장이 넘었다고 한다.

　이처럼 조직적이며 악질적인 범죄를 두고도 충격을 받는 사람들은 생각만큼 많지 않았고, 심지어는 그다지 대수롭지 않은 문제라고 생각하는 이들이 훨씬 더 많았다. 이는 우리 사회가 여전히 여성의 욕망을 승인하지 않았음을 보여준다. 이들 생각에는 버닝썬 사건이 비행 청소년들의 일탈 행위처럼 반사회적인 행동을 하다 사고를 당한 '일부'의 문제였을 것이다. '그러게, 클럽 같은 데를 왜 가나? 자기 몸 하나 제대로 간수하지 못하고, 칠칠맞지 못하게스리'란 생각으로 그저 흘려넘길 사건이었을 것이다. 즉, 약물과 강간을 옹호할 생각은 없지만 클럽에 간 자체가 잘못이라는 생각이 은연 중 녹아 있는 것이다.

　클럽에 간 여성들 개개인의 목적이 무엇이었는지 우리는 알 수 없다. 그냥 춤을 추고 싶었을 수도 있고, 멋진 이들과 어울려 놀고 싶었을 수도 있고, 혹은 괜찮은 섹스 상대를 찾기 위해서였을 수도 있다. 많은 남성들이 그러하듯이 말이다. 그럼에도 사회는 여성의 욕망만을 금기시한다. 욕망을 공공연하게 드러내는 여성은 극단적인 위험까지도 감수한 것으로 간주한다. 무슨 일을 당해도 자업자득이라는 태도를 보인다.

그러나 섹스 상대를 찾고 싶다는 것이 강간 당해도 좋다는 뜻은 아니다. 원나잇을 하고 싶다는 것이 의식을 잃고, 강간을 당하고, 사진이 찍혀도 좋다는 뜻은 아니다. 결국 버닝썬 사건은 초반에만 조금 이슈가 되다가 유야무야 묻히고 말았다. 클럽을 운영하던 연예인은 군에 입대했고, 클럽은 이름을 바꿔 영업을 계속하고 있다. 우리 사회는 이 사건을 잊어버렸다.

지난해 봄, 코로나의 시작과 함께 수없이 공유되던 N번방 사건 관련기사를 읽는 동안 자연스럽게 버닝썬 사건이 겹쳐졌다. 처음에 사건의 피해자를 동정하던 이들, 가해자들을 극형에 처하라고 목소리를 높이던 이들은 피해자 대부분이 트위터에서 '일탈계'로 통칭되는 계정을 사용했다는 사실을 알고 돌연 태도를 바꾼 경우가 많았다. 참고로 '일탈계'는 다소 노출 수위가 높은 사진(가슴골, 다리 등)을 올리며 성적 관심을 표현하는 계정을 뜻한다.

사람들은 이야기했다. 애초에 왜 표적이 될 만한 행동을 하느냐고, 피해자들에게도 잘못이 있다고. 그러나 버닝썬 피해자들이 클럽에 갔다고 해서 강간을 당해도 좋다는 뜻이 아니었던 것처럼, 일탈계를 사용하던 N번방 사건의 피해자들 또한 그러한 일을 당해도 좋다는 의미는 아니었을 것이다.

나는 일탈계를 통해 표적이 된 피해자들의 최초의 동기는 알지 못한다. 그 동기는 무엇이든 될 수 있다. 계정 이름처럼 '일탈' 그 자체가 목적이었을 수도 있고, 낯선 것에 대한 관심, 금기된 것에 대한 욕망, 타인에 대한 갈망, 정서적·육체적 친밀함에 대한 욕구 등이 뒤섞여 있었을 수도 있다. 성욕, 호기심, 일탈과 모험과 도전에의 충동. 어쩌면 '욕망 당하고 싶은 욕망' 그 자체.

문제는 여성에게 있어 이와 같은 '일탈'의 대가가 지나치게 크다는 것이다. 똑같은 '일탈'을 남성이 행했을 때와 결과가 달라지는 경우가 너무도 많다는 것이다. '박사'를 비롯한 N번방 운영자 대부분은 일탈계 사용자들에게 피싱 링크를 보내 개인 정보를 빼냈고, 그것으로 그들을 협박하여 '성 노예'로 만들었다고 한다. 시키는 대로 말을 듣지 않으면 개인 정보를 모두 유출시켜 버리겠다고. 가족들에게, 지인들에게, 친구들에게, 네가 트위터에서 이런 사진 올리고 다녔다는 것, 남자들과 야한 이야기 나눈 것 모두 공개해버리겠다고. 여성의 욕망을 인정하지 않는 사회에서 피해자들 대부분은 욕망을 품었다는 사실이 노출되는 것을 막기 위해 너무도 무력하게 덫에 걸려들었을 것이다.

나 역시 클럽에 가본 경험이 있고, 중학생 때 피시통신에 접속하여 낯선 이들과 대화를 나누며 즐거워했던 경험이 있다. 만약 중학생 때의 내가 거기에서 아주 조금만 더 호기심을 느껴서 나에게 접근하는 사람들을 실제로 만났다면, 혹은 사진이라도 찍어 올렸다면, 나의 신상정보를 노출하는 일이 생겼다면, 그때 나에게는 무슨 일이 일어났을까. 클럽에 갔을 때 운이 나빠 약물이 든

술잔을 받아 마시는 일이 생겼더라면 어땠을까. 어쩌면 나 역시 이름은 달랐겠지만 N번방의 피해자, 혹은 버닝썬의 희생자가 될 수 있었다. 내가 원했던 것은 그저 작은 일탈, 낯선 이의 친절과 관심, 그리고 누구나 가질 수 있는 호기심을 충족시키는 것뿐이었는데.

'괴물'은 없다

지난해 수면 위로 드러난 N번방 사건을 두고 자녀가 있는 많은 이들이 말했다. 이런 세상에서 딸 키우기 무섭다고. 그런 말을 들을 때마다 나는 속으로 생각한다. 딸 키우는 것은 별로 무섭지 않다고.

딸들은 지금의 젊은 여성들처럼 키우면 된다. 좋은 것은 좋다고, 싫은 것은 싫다고 이야기할 수 있도록. 여성이라는 이름에 따라오는 부당한 압력에 순응하지 않도록. 욕망을 드러내는 것을 두려워하지 않도록. 설사 성폭력을 겪더라도 그것을 자신의 잘못이라 여기며 수치스러워하지 않도록. 누군가 밀쳐서 넘어지면 울지만 말고 일어나서 싸우도록.

딸과 아들 모두를 키우고 있는 내가 정작 무서워하고 있는 것은 아들을 어떻게 길러야 할지에 대한 부분이다. 가끔 아이들을 데리고 아파트 놀이터에 가보면 초등학교 고학년 정도 되는 남자아이들이 한두 명씩 있다. 올해 아홉 살로 한창 또래 친구를 찾는 아들은 형아들이랑 놀 수 있게 해달라고 매번 조르는데 솔직히 말해 별로 탐탁스럽지 않다. 큰 아이들이랑 어울릴 때마다 아들이 이상한 것을 배워 오기 때문이다. 그것은 때로 욕설일 때도 있고, 가끔은 이상한 '장난'일 때도 있다.

일전에 아들보다 서너 살 많은 남자아이가 아들에게 바지를 벗고 성기를 보여주는 '장난'을 알려주었다고 한다. 집에 온 아들이 갑자기 그런 모습을 보여 대체 왜 그러느냐고 물었더니 놀이터에서 만난 형아가 알려주었다고 답해 깜짝 놀랐다. 아이에게서 아이에게로 전수되는 또래 문화의 무서움을 그때 알았다.

그날 바로 아들에게 그래서는 안 된다는 이야기를 한참 동안 해주었지만 밤에 잠이 잘 오지 않았다. 정작 아들에게 그 '장난'을 알려준 그애에게는 누가 그런 이야기를 해줄 것인지, 살면서 아들은 그런 '형아들'을 얼마나 많이 만나게 될 것인지, 그 아이들은 자라서 어떤 어른이 될 것인지를 생각하니 마음이 무거워졌다. 과연 부모의 개입으로 아이들의 문화를 바꾸는 것이 가능은 할까. 부모가 알았을 때는 이미 모든 것이 늦어버린 시점은 아닐까. 그런 생각을 하다 보면 두렵기까지 하다.

가해자는 뿔 달린 괴물이 아니다

사람들은 성폭력 사건에 있어서 순결하고 연약하며 가련한 피해 자만큼이나 납작한 가해자 상을 갖고 있다. 뿔 달린 악마, 혹은 푸 른 수염의 괴물만이 그런 범죄를 저지를 수 있다고 생각한다. 그 런 범죄는 우리 같은 '평범한' 사람과는 아주 멀리 떨어져 있다고 여긴다. 그래서 쉽게 외치고는 한다. 저 나쁜 놈들, 짐승 같은 놈 들, 괴물들.

그러나 우리가 기억해야 할 점은, 가해자 역시 피해자만큼이 나 입체적인 존재라는 것이다. 예를 들어 한 남자아이가 있다고 가정해보자. 어릴 때부터 책 읽는 것을 좋아했던, 엄마의 아픈 다 리를 주무를 줄 알았던, 동물을 사랑하고 다친 친구를 위해 급식 을 대신 받아다 줄 만큼 배려심 있는 아이. 사랑스러운 아들, 착한 친구, 미래의 새싹.

이 아이에게 어느 날 불행한 일이 생긴다. 우연한 계기로 일진 의 표적이 된 것이다. 아이는 6개월 넘는 기간 동안 폭력을 당하 고, 돈을 뜯기며, 때로는 학대에 가까운 잔인한 행위를 강요당하 기도 한다. 그리고 마침내 일진은 아이에게 지시한다. 야, 요즘 텔레그램에 끝내주는 게 있다더라. 가입비도 있고 들어가는 거 귀찮다던데 네가 대신 가서 자료 좀 받아 와. 만약 못 하면 알지! 고민하던 아이는 결국 텔레그램에 접속하여 영상을 다운 받는다. 죽고 싶다는 생각을 하면서.

물론 이것은 모두 나의 상상일 뿐이다. 지나친 비약이자 가정일 가능성이 농후하다. 그러나 N번방 참여자 중에 이와 유사한 사례가 없다고 단언할 수도 없다. 어쩌면 또래문화에서 낙오되는 듯하여, 그래서 친구를 사귀기 위하여, '희귀한 영상'을 보았다고 자랑하고 주목을 받으려는 게 다였던 수줍고 조용하며 내성적인 친구들이 있을런지도 모를 일이다. 사실 수많은 성폭력 사건이 마찬가지로, '악마' 같은 인물이 작정하고 범법 행위를 저지른 경우보다는 평범한 사람의 우발적인 일탈로 인해 벌어졌을 가능성이 더 높다고 생각한다.

내가 이런 이야기를 늘어놓는 것은 가해자가 불쌍하다거나, 가해자 역시 선의의 피해자라거나 하는 변명을 해주기 위해서가 아니다. 가해자를 이해하고 용서해주자는 주장도 아니다. 내가 말하고 싶은 것은, 가해자 역시 피해자만큼 입체적인 서사를 가진다는 것이다. 뿔 달린 악마나 괴물 같은 존재가 아니라는 것이다.

이제껏 수많은 성폭력·학원폭력 사건에서 가해자의 부모들이 "우리 애가 그럴 애가 아닌데", "우리 애가 얼마나 착한데요" 하고 말했던 이유가 이 때문이다. 그분들께는 실제로 착한 아들이었기 때문에. 엄마를 위해 설거지를 대신 해주고, 주말이면 청소기를 돌리며, 어려운 집안 사정을 생각해 용돈을 아낄 줄 아는 철이 든 아들, 착하고 믿음직하고 든든한 내 자식이었기 때문에.

우리는 모두 평범한 인간일 뿐이다. 현재는 분노하더라도 정작 내가 사랑하는 사람이, 내 아들이 실제로 성범죄에 연루되었다는 것을 알게 되면 어떤 반응을 보일지 모르는 일이다. "내 자식이어도 성범죄는 용서 없다!", "내 자식은 N번방 같은 것과는 전혀 거리가 멀어요!"라는 지금의 단호한 마음이 정작 내가 아는 사람이 실제 성범죄에 연루되었다는 사실을 알게 되면 어떻게 변할지 모른다. 다짐이란 그런 것이다. 분노란 그런 것이다. 마음과 말은 그만큼 나약한 것이다. 인간이란 그런 것이다.

누구나 실수할 수 있다고 생각하면 좋은 점

가해자가 '괴물'이라고 생각할 때 솟아오르던 분노가 정작 가해자가 '괴물'이 아니라는 것을 알게 된 이후 오히려 피해자를 향하는 경우가 많았던 것은 그 때문인지도 모른다. 성범죄가 밝혀진 후 "남자애들 다 그렇지 뭐" 혹은 "우리도 다 그러고 자랐어" 하고 말하는 사람들이 있는 것 역시 그 때문이다.

그렇기 때문에 우리는 처음으로 다시 돌아가야만 한다. 처음으로 돌아가서 성폭력은 뿔 달린 괴물만이 아니라 아무나 저지를 수 있다는 사실을 인정해야만 한다. 성폭력은 '괴물'만이 아니라 평범한 사람들, 착한 내 아이도 저지를 수 있다는 사실을 받아들여야만 한다. 누구나 쉽게 저지를 수 있는 일이라는 것을 받아들일 때에야 더욱 강력한 책임이 따라오도록 만들 수 있다. 그렇게 해야만 우리의 소중한 아이들이 '실수'할 위험을 조금이라도 더

줄일 수 있다.

우리는 음주운전을 하다 사람을 다치게 하면 어떤 일이 닥칠지 안다. 물론 강력한 규제가 있어도 잘못된 판단으로, 호기심으로, 혹은 한순간의 충동을 억누르지 못해 음주운전을 하는 사람들이 있지만, 그런 경우 법에 의해 감옥에 가고, 도덕적으로 지탄을 받고, 손해 배상을 해야 하고, 직장을 잃거나 인생이 망가질 위험에 처하는 등 강한 책임을 지게 된다. 음주운전을 '실수'라고 하여 받아주는 경우는 없다. 그렇기 때문에 설사 음주운전을 할 수 있는 기회가 있거나 그럴 만한 충동이 들더라도 우리 같은 평범한 사람들은 자제하면서 산다.

성폭력에 대해서도 사람들이 이렇게 생각하도록 만들어야 한다. 누구나 저지를 수 있다는, 우리 모두와의 거리가 그다지 멀지 않다는 사실을 인지한 후 거기 따르는 강력한 책임을 지도록 만들어야 한다. 행동에는 책임이 따른다는 사실을 보여주어야 한다. 그렇게 되면 설사 그럴 만한 '기회'가 오더라도 한순간의 호기심이나 충동으로 '실수'하는 것을 방지할 수 있다. 그렇게 우리는 우리의 아이들이 가해자가 되지 않도록 보호해야만 한다.

우리에게는
새로운 성교육이 필요하다

초등학생이 되어 글을 읽을 수 있게 된 후로 첫째는 종종 혼자서 책을 읽는다. 그런데 하루는 조용히 책을 읽던 아이가 다가와서는 이런 말을 했다. "엄마, 헤라는 참 나쁜 여자야. 난 헤라가 정말 싫어. 엄마도 그렇지?" 뜬금없이 무슨 말이냐고 묻자 아이는 좀 전까지 열심히 들여다보던 학습만화의 한 페이지를 펼쳐 보이며 말했다.

"내가 지금 별자리 이야기 읽고 있었거든. 제우스가 칼리스토라는 요정이랑 아기를 낳고 행복하게 살고 있었는데 헤라가 요정을 질투해서 곰으로 만들어 버렸대. 그래서 요정의 아들은 그 곰이 자기 엄마인 줄도 모르고 죽이려고 했다는 거야. 하는 수 없이 제우스가 두 사람을 하늘로 올려 보내서 엄마인 칼리스토는 큰곰자리, 아들인 아르카스는 작은곰자리로 만들었대. 이 모든 게 다 헤라 때문이잖아. 아니면 다 같이 행복하게 살 수 있었는데. 헤라 정말 나빠!"

흥분한 아이의 설명을 듣자 순간적으로 웃음이 나왔다. 마냥 어리다고 생각했던 아들이 어느덧 이야기를 읽고, 이해하고, 극 중 인물에 감정이입을 할 만큼 자랐다는 사실이 신기했다. 한편으로는 내가 보고 자란 그리스 로마 신화를 아들이 다시 읽으며 당시의 나와 비슷한 감정을 느끼고 있다는 사실이 재미있게 느껴지기도 했다.

어린 시절의 나 역시 헤라를 싫어했다. 왜 헤라는 제우스가 다른 사람들이랑 행복하게 살도록 그냥 두질 않는 것인지, 어째서 착하고 예쁜 여성들을 끊임없이 괴롭히는 것인지 도무지 이해가 가질 않았다. 헤라만 가만히 있으면 모두가 평화롭고 행복할 것 같은데 매번 나타나서 시비를 거는 모습에 짜증이 났다. 친구들 역시 헤라가 마음에 안 든다는 이야기를 자주 하고는 했다.

그런데 아들의 이야기를 듣고 이 모든 기억을 다시금 떠올리다 보니 무언가 이상하게 느껴졌다. 사실 헤라는 분노해야 마땅했다. 아내가 끊임없이 자신을 속이고 거짓말을 하고 바람을 피우는 남편에게 분노를 느끼는 것은 당연하지 않나. 더구나 그런 남편이 최고 권력자라서 저항할 방법도 없다면 얼마나 답답하고 속이 상했을 것인가. 그렇다고 다른 사람을 곰으로 만들면 안 되겠지만 말이다. 그처럼 화를 내야 마땅한 헤라를 왜 나와 친구들은 그토록 미워했을까?

성평등의 시선으로 다시 보는 그리스 로마 신화

이상한 건 그뿐만이 아니었다. 이제 와 생각해보니 제우스야말로 문제였다. 신들의 왕인 제우스는 마음에 드는 여성이 있으면 백조나 송아지로 변신하는 수고를 무릅쓰고라도 겁탈하곤 했다. 쫓기다 못한 여성이 방문을 꽁꽁 닫아 걸고 숨으면 햇볕으로 변해서까지 따라갔다. 앞서 등장한 칼리스토라는 요정 또한 사실은 제우스와 사랑에 빠져 아이를 낳고 행복하게 살았던 것이 아니라 아르테미스로 변신한 제우스에게 강간을 당한 후 임신했던 것이었다.

그럼에도 이런 장면은 그저 '자연스럽게' 받아들여지곤 했다. 그리스 로마 신화는 제우스의 행동을 두고서는 어떠한 비판적인 언급도 하지 않았다. 독자로 하여금 제우스의 모든 행동을 자연스러운 것으로 받아들이게 하는 동시에, 분노하고 자기 목소리를 내는 헤라에게 부정적인 감정을 갖게끔 유도하고 있었다. 또한 제우스에게 겁탈당한 여성들에 대해서도 종내에는 모두 체념하고 순응하며 '행복하게' 살았다는 식으로 묘사하고 있었다. 아내가 성폭력 가해자인 남편에게 분노하는 대신 피해자에게 화를 내는 모습을 보여주고 있었다.

이제껏 이 모든 내용을 자연스럽게 받아들이고 있었다는 사실이, 제우스의 행실을 문제시하거나 이에 분노하는 목소리가 사회적으로 거의 없었다는 사실이 이상하게 느껴졌다. 아이가 보고 있던 학습만화 역시 분노하는 헤라의 모습만 강조하고 있을 뿐 다른 문제에 대한 언급은 전혀 없었다.

그러면서 나는 새삼 깨닫게 되었다. 그리스 로마 신화 자체가 철저하게 가부장적인 사고방식의 산물임을. 그처럼 가부장적인 이야기가 아무런 문제 제기 없이 대물림되어 반복될 정도로 우리가 남성중심적인 문명에서 살고 있었다는 것을. 이런 이야기를 읽고 성장한 사람들이 성차별적인 사고를 하는 것은 어쩌면 당연하다는 사실을.

여성의 뇌와 남성의 뇌 타령은 이제 그만

이제 와서 그리스 로마 신화 자체를 뜯어고치자거나, 아이들에게 유해한 매체이니 금지하자는 주장을 하려는 것은 아니다. 그리스 로마 신화를 통해 학습할 수 있는 의의라거나, 이야기 자체에서 얻을 수 있는 재미가 분명히 있다. 다만 과거로부터 전해온 이야기를 아무런 비판 없이 '그대로' 수용하는 것에 대해 생각해보자는 말이다.

이야기는 당대를 살아가는 이들의 생각을 담는 그릇인 동시에 구성원들에게 사회규범을 학습시키는 도구로서도 기능한다. 사회의 변화에 맞추어 각종 콘텐츠가 끊임없이 업데이트 되어야 하는 것은 이 때문이다. 성 규범이 변화하면 이를 다루는 콘텐츠 또한 바뀌어야 한다.

그럼에도 성교육에 무관심하고 무지했던 우리 사회는 이제껏 시대에 역행하는 자료들을 그대로 방치해왔다. 아이가 재미있게 보는 학습만화에 잘못된 성관념을 바탕으로 하는 내용이 아무런 비평 없이 그대로 들어 있는 것이나, 몇 해 전 교보문고 어린이 코너의 인기 만화에 여성의 성격이 마음에 들지 않아 염산을 뿌렸다는 내용이 포함되어 논란을 일으킨 것 모두 마찬가지이다.

심지어 교육부는 지난해 '여성의 뇌와 남성의 뇌는 다르게 진화했다'는 내용의 카드뉴스를 제작해 올렸다가 논란이 일자 말없이 삭제하기까지 했다. 시대는 변화하는데 콘텐츠를 만드는 사람들의 사고방식은 전혀 변화하지 않은 것이다. 그렇기에 구시대적인 콘텐츠를 만들고, 그 콘텐츠가 잘못된 성관념을 낳는 악순환이 계속되는 셈이다.

사실은 교육부에서 내세우는 성교육 표준안부터가 그렇다. 2015년 만들어질 당시부터 크게 논란이 되었던 교육부의 성교육 표준안은 수많은 비판의 목소리에도 아직까지 개정되지 않은 상태다.

이 표준안은 '남성의 성욕은 때와 장소에 상관없이 급격하게 나타날 수 있다'거나, '건전하지 못한 이성교제를 했을 때 성폭력이 발생할 수 있다'거나, '여성은 평소 우유부단하기보다는 단호한 모습을 보여야 성폭력을 예방할 수 있다'는 등의 내용을 담고 있다. 전반적으로 남성의 성욕을 제어가 불가능한 '어쩔 수 없는' 것으로 취급하며 성폭력의 책임을 여성에게 전가한다.

이런 상황이다 보니 끊임없는 논의에도 불구하고 우리 사회의 성폭력 문제가 크게 개선되지 않는 것이 한편 당연하게 느껴진다. 한쪽에서 상대의 의사에 반하는 행동은 폭력이라고 아무리 말해봤자, 강간을 하지 말고 불법촬영을 하지 말라고 아무리 소리쳐봤자, 다른 쪽에서는 여전히 남성의 성욕은 조절 불가능한 것이라고, 그러니 여성이 알아서 조심해야 한다고, 문제가 발생하면 조심하지 않은 사람의 책임이라고 가르치고 있었던 것이다. 수많은 성범죄 판결에서 판사들이 피해자보다 가해자에게 이입하여 솜방망이 처벌을 한 것 또한 이러한 교육의 결과물이었을 것이다.

그나마 다행인 것은 지난해 N번방 특별법이 통과되면서 이제껏 경미하기 짝이 없었던 성범죄 처벌이 앞으로 한층 강화된다는 사실이다. 이로 인해 미성년자 의제 강간 연령은 기존의 13세에서 16세로 상향되며, 성착취물 역시 기존과 다르게 소지만 해도 처벌받는 쪽으로 바뀌게 되었다. 참으로 기쁜 소식이지만 그럼에도 교육의 변화 없이는 이러한 모든 것은 결국 미봉책일 수밖에 없을 것이다.

성폭력 문제 해결을 위해서는 성에 대한 사람들의 근본적인 인식 자체가 바뀌어야 한다. 성교육은 기본 단계에서부터 달라져야 한다. 여성과 남성이 크게 다르지 않다는 것, 남성의 성욕은 절대로 당연한 것도 아니며 결코 조절 불가능하지 않다는 것, 상대의 의사에 반하여 누군가를 만져서는 안 되며 함부로 사진을 찍어서도 안 된다는 것, 성폭력은 피해자가 아닌 가해자의 책임이라는 사실을 아주 어린 나이부터 확실하게 인지시켜야 한다.

N번방 사건이 수면 위로 올라온 이후 많은 부모가 가정과 학교에서 아이들의 성교육 문제에 관심을 보이게 되었다고 한다. 그러나 아무리 성폭력과 성범죄에 경각심을 갖고 교육을 받는다 할지라도 교육 자체가 잘못된 방향이면 별다른 효과가 없을 것이다. 오히려 잘못된 성교육을 통해 잘못된 성관념이 더욱 공고해질 가능성까지 있다. 성과 관련하여 우리에게 새로운 법이 필요했던 것과 같이, 이제는 성과 관련한 새로운 교육이 필요하다.

존재하지 않는
완벽한 피해자

성폭력 사건이나 미투(me too) 고발을 다룬 기사나 칼럼을 읽다 보면 묘한 공통점을 발견하게 된다. 그것은 바로 해당 글 밑에 어김없이 다음과 같은 댓글이 달린다는 사실이다.

"당신 같은 가짜 피해자들 때문에 진짜 피해자들이 고통받는다고!" "이런 건 진정한 페미니즘이 아니다", "이렇게 쓸데없는 사건에 신경쓸 시간에 장자연 사건이나 재수사해 주세요", "위안부 할머니들에게 부끄럽지도 않냐!"

읽다 보면 단어나 문장에 조금씩 차이는 있지만 그 내용은 놀랍도록 유사하다는 사실을 알 수 있다. 피해자의 진위 여부를 의심하는 것이다. 예외 없이 모든 성폭력 사건이 마찬가지이다. 고 박원순 전 서울시장의 성폭력 사건에 대해서도 같은 상황이 반복되었다. 피해자를 '꽃뱀'으로 의심하며 정치적 '공작'이 얽히지 않았는지 의문을 품는 이들이 다수였다.

한때 여성문제에 관심을 가지며 여성 지식인으로서 자신을 포지셔닝한 이들도 예외가 아니었다. 개중 평소 '페미니스트'로 불리던 한 작가는 피해자가 신변을 드러내지 않는 부분, 그리고 이전에 썼던 인수인계 보고서에 박원순 전 시장에 대한 '존경심'을 드러내는 문장이 가득 차 있는 지점이 매우 의심스럽다는 이야기를 하기도 했다. 그러면서 그는 이 인수인계 보고서야말로 피해자의 '진심'이 아니겠냐는, 그러므로 아무래도 피해자를 대변하겠다고 나선 변호인의 의도가 의심스럽다는, '여성단체의 미투라고 하여 반드시 진실이라고 할 수는 없다'는 류의 주장을 펼쳤다.

이런 사람들을 볼 때마다 참으로 황망해진다. 피해자가 신변을 드러낼 경우 어떤 일이 벌어질지를 진정 예상하지 못한단 말인가. '직장'에서 '업무' 용도로 사용하는 인수인계 보고서가 어떤 식으로 작성되는지를 정말로 모른단 말인가. 인수인계 보고서는 일기장이 아니다. 그렇기 때문에 누구나 볼 수 있는 형식적인 보고서에 적힌 지나친 찬사나 과한 추앙은, 오히려 직장 내의 분위기가 얼마나 억압적이었는가를 보여주는 징표일 수도 있다. 그리고 설령 그러한 '존경심'이 모두 진심이었다고 한들, 그것이 성폭력을 당해도 좋다는 뜻은 아니지 않은가. 직장상사나 스승을 존경한다는 것이 그와 성적인 관계나 로맨틱한 관계를 원한다는 의미는 아니다.

한편으로는 '가짜' 피해자와 '진짜' 피해자를 가르는 기준은 무엇인지에 대한 질문도 남는다. 실제로 이들의 발언은 매우 모순적이다. 이들은 위안부 피해자나 고 장자연 씨 등을 예시로 들며 '진짜' 성폭력 사건이란 마땅히 이러이러한 것이라는 식으로 정의를 내리고 있다. 그러나 이들은 모르고 있다. 자신들이 분노하고 핏대를 세우며 피해자를 의심하는 뭇 성폭력 사건 역시 자신들이 안타까워했던, 피해자에 공감하고 가해자에 분노했던 다른 성폭력 사건들과 본질적으로 크게 다르지 않다는 사실을. 이는 피해자가 하는 말이 100퍼센트 맞다는, 모든 성폭력 피해 호소가 무조건 진실이라는 뜻은 아니다. 성폭력 사건에서는 그만큼 피해자가 일방적으로 의심받는 경우가 많다는 의미이다. 이들이 생각하는 '진정한' 페미니즘이란 무엇인지, 다른 무엇보다 자신이 하고 있는 말이 무슨 뜻인지 정말 모르는지, 하는 생각을 하다 보면 마음이 무척 무거워진다.

죽어야만 진정한 피해자가 되는 현실

밝혀졌다시피 고 장자연 씨나 위안부 피해자들 역시 허위 고발이 아닌지 여부를 평생 동안 검증 당해야 했다. 장자연 씨는 살아 있는 동안 누구에게도 자신의 피해 사실에 대해 공감을 얻지 못하다 결국 비극적인 선택을 했으며 위안부 피해자들의 경우 대개 피해 사실을 숨겼고 개중 일부만이 노년에 이르러서야 대중 앞에 나섰다. 오늘날에도 여전히 그들은 자주 피해 사실을 의심 받는다. 《반일 종족주의》의 저자인 이영훈 등은 저서에서 위안부 피해자들에 대해 '자발적 매춘 행위'에 가깝다고 이야기하기도 했다.

그렇다면 사람들이 이제 와서 박원순 전 시장 사건과 고 장자연 씨나 위안부 피해자 사건을 다르게 받아들이는 까닭은 무엇일까. 그 이유는 안타깝게도 장자연 씨를 비롯하여 대부분의 피해자들이 사망했기 때문이라고 보아야 할 듯하다. 이는 '성폭력' 자체에 대해 사람들이 가지고 있는 모순된 인식을 보여준다. 성폭력이 무척 괴로운 피해라고 여기면서도, 생을 마감한 이들에 대해 "죽을 각오로 살지!" 하는 안타까운 마음을 가지면서도, 너무 괴로운 나머지 생존 자체가 불가능한 폭력으로 인식하는 것이다. 성폭력 피해는 스스로 목숨을 끊을 만큼 고통스러운 일임이 틀림없기에, 살아남은 사람들은 살아남았다는 자체만으로 인정할 수 없다고 생각하는 것이다. 말하자면 사람들이 인정하는 '진정한' 피해자는 오직 '죽은' 피해자뿐이라는 이야기가 된다. 이는 수많은 성폭력 피해자가 자살이나 침묵을 선택하는 이유이기도 하다.

T 크리스천 밀러와 켄 암스트롱이 미결 성폭력 사건을 수사한 과정을 기록한 《믿을 수 없는 강간 이야기》에도 비슷한 일화가 등장한다. 캘리포니아주의 물리치료사인 데니스 허스킨즈는 2015

년 집에서 실종됐다가 귀가 후 납치와 성폭력을 당했다고 경찰에 신고한다. 그러나 경찰은 그의 진술이 당시 베스트셀러였던 《나를 찾아줘》의 줄거리와 너무 비슷하다는 이유로 채택을 거부한다. 그는 거짓말을 한다고 오히려 비난을 받았으나 다행히도 몇 달 후 경찰은 허스킨즈의 이야기가 진실이었다는 증거를 찾아낸다. 피해자가 납치를 당하는 과정이 한 마트의 CCTV에 녹화되었던 것이다. 결국 허스킨즈를 납치한 범인은 검거된 후 40년 형을 선고 받았다. 하지만 이후에도 허스킨즈는 끊임없이 인터넷에서 악성 댓글에 시달렸는데 한 남자는 이런 댓글을 남겼다고 한다.

"네가 내뱉은 허튼소리 때문에 넌 지옥에 갈 거야. 똥이나 먹어라 이 창녀야."(294쪽)

이에 대해 허스킨즈는 페이스북에 이런 포스팅을 남겼다.

"내가 한 것이라곤 살아남은 것뿐인데 나는 살아남았다는 이유로 범죄자 취급을 받았다."(294쪽)

허스킨즈 역시 죽지 않았기 때문에, 단지 살아남았기 때문에 모든 사건이 밝혀진 이후에도 끊임없이 진실성을 의심받았다.

성폭력 사건이 발생하면 우리는 끊임없이 '완벽한' 피해자를 찾아 헤맨다. 그러나 '악마'나 '괴물'처럼 철저하게 악의로 똘똘 뭉친 '완벽한' 가해자가 존재하지 않는 것처럼, '완벽한' 피해자 역시 존재하지 않는다. 그런 피해자는 없다.

먹고사니즘의
이중잣대

흔히 성폭력 사건이 발생하면 사람들이 많이 품는 의문 중 하나가 왜 그간 당하고만 혹은 참고만 있었냐는 것이다. 몇 년 전 김지은 씨가 상사였던 안희정 전 도지사에 의한 성폭력을 고발하고 나섰을 때 역시 비슷했다. 많은 사람이 지금껏 뭘 하다가 이제 와서 저러냐고, 왜 진작 싫다는 의사 표명을 하지 않았냐고, 결국 모든 것이 김지은 씨 본인의 책임이며 잘못이라는 이야기를 했다.

당시 내 주변의 한 남성은 김지은 씨가 하는 말을 도무지 신뢰할 수가 없다며, 이제 와서 다른 이야기를 하는 것은 그저 '연애 감정의 변심'이라고밖에 볼 수 없다는 이야기를 하기도 했다. 아니었다면 당장에 일을 그만뒀을 것이 틀림없다면서. 그 말을 듣고 깜짝 놀라 되물었다. "직장을 어떻게 그리 쉽게 그만두나요?" 그러자 그는 그런 내가 더 놀랍다는 듯이 대답했다. "그래도 그만 둬야죠! 그냥 다 때려치우고 나와야죠! 성폭력 위기에 처했는데 그까짓 직장이 대수인가요? 나라면 그랬을 거예요! 자기는 자기가 스스로 지켜야죠!"

그러니까 그의 주장은 성폭력 위기가 닥치면 피해자는 최대한의 노력으로 있는 힘껏 저항을 하기 마련이며 그렇게 해야 마땅한데, 김지은 씨는 그렇게 하지 않았으므로 '진정한' 피해자로 볼 수 없다는 것이었다.

왜 진작 때려치우지 않았냐고요?

그런데 직장이라는 것이 어디 그렇게 쉽게 때려치울 수 있는 것이던가. 더군다나 김지은 씨는 당시 차기 대통령 유력 후보인 유명 정치인의 수행비서였다. 평생 꼬리표처럼 따라붙을 주요한 커리어를 맡고 있는 상황이었다.

일반 회사원이야 상사와 트러블이 생기거나 업무가 잘 맞지 않는다고 느낄 때 여차하면 이직을 할 여지가 있지만, 학계나 정계와 같이 상대적으로 '닫힌' 세계의 사람들은 그러기가 쉽지 않다. 심지어 일반 회사원조차도 이직 한 번 하려면 매우 중대한 결심을 해야 하기 마련인데, 인맥과 경력에 의해 향후의 모든 행방이 좌우되는 정계에서 일하는 이들이라면 오죽할까.

특히 김지은 씨와 같은 수행비서 업무를 담당하는 사람에게 있어 발령 이전에 업무를 자발적으로 그만두는 것은 정계를 완전히 떠나겠다는 선언이나 마찬가지이다. 그간 애쓰고 공들여 쌓아온 모든 경력을 하루아침에 포기한다는 결심이 섰을 때에만, 여태껏 관계를 맺어왔던 이들과의 단절을 각오한 상태에서만 가능한 것이다. 그런데 그깟 직장이라니. 누군가의 생계를 놓고 당연히 그만둬야 한다는 식으로 말하는 가벼운 태도에 깜짝 놀랐던 기억이 난다.

더욱 놀라운 것은 이 남성이 특이한 케이스가 아니라는 사실이었다. 살펴보니 그와 유사한 이야기를 하는 사람이 한둘이 아니었다. 많은 이들이 김지은 씨의 이야기가 진실이 아니라는 근거로 그토록 오래, 성폭력이 4회나 반복되도록 참고 있었다는 점을 꼽고 있었다. 당시 이들의 주장을 통해 일종의 깨우침을 얻었는데, 그것은 사람들이 아직도 여성을 한 명의 노동자나 직업인으로서 정식으로 인정하고 있지 않다는 사실이었다.

여성에게도 먹고사는 일은 중대하다

혹시 먹고사니즘이란 단어를 들어본 적 있는가. 한국어 '먹고살다'와 이념, 철학 등을 의미하는 영어의 접미사 '-ism'의 합성어인 이 신조어는 먹고사는 일을 최우선으로 삼는 태도를 뜻하며 지금은 인터넷 포털 사이트의 국어사전에도 등재되어 있을 정도로 그 지위를 굳혔다. 생계 유지에 몰두하여 그 외의 것들에는 관심을 둘 수 없을 만큼 삶의 여유가 없거나 생계의 위협 때문에 직장 상사 및 고객의 갑질이나 부당한 명령에도 제대로 대응하지 못하는 이들의 고통을 담아낸, 그야말로 밥벌이의 고단함과 애환이 총체적으로 담긴 단어라 할 수 있다.

이러한 신조어가 국어사전에 등재될 정도로 인기를 끌었던 것은 한국사회에서 먹고사는 문제 때문에 괴로움을 겪는 사람이 그만큼 많다는 것과, 그렇기 때문에 먹고살기 위해 행하는 일들에 우리 사회가 유난히도 관대하다는 사실을 시사한다고도 볼 수 있다. 실제로 뉴스나 기사를 살피다 보면 재판부에서 수많은 범죄자를 한 집안의 '가장'이라는 이유로, 책임져야 할 식솔들이 있다는 이유로 선처해주었다는 내용이 심심치 않게 발견된다.

몇 해 전 영유아 살해·강간 영상물을 제작했다는 혐의로 기소되었던 손정우 역시 미국으로 송치되지 않고 국내에 머물러도 좋다는 판결을 받았는데, 그가 그러한 '선처'를 받은 주된 근거 중 하나가 수감 중 결혼을 하여 한 집인의 '가장'이 되었다는 사실이었다. 이처럼 한국은 먹고사는 일 때문에 힘들어서 그랬다고 하면, 먹여살려야 할 식구가 있다고 하면, 어린아이들의 강간과 살해를 사주하는 심각한 범죄를 저질러도 어느 정도 눈을 감아줄 정도로 먹고사니즘에 관대한 사회인 것이다.

재미있는 점은 이와 같이 먹고사니즘에 상당히 관대한 한국 사회가 여성의 먹고사니즘에 대해서는 매우 가혹한 태도를 보이고 있다는 사실이다. 많은 사람이 여성은 굳이 돈을 벌지 않아도 되는 것처럼, 생계에 대한 고민을 하지 않아도 되는 것처럼, 마치 먹고사는 일과 무관한 존재인 것처럼 여긴다. 우리 사회는 직장 내 갑질로 고통받는 많은 노동자를 동정하면서도 그 대상자가 김지은 씨의 사례처럼 여성일 경우, 그가 입은 피해가 성폭력일 경우, 그것을 직장 내 위력에 의한 부당한 처사로 받아들이는 것이 아니라 매우 개인적인 사생활로 인식한다.

그러므로 남성이 거래처 직원이나 상사의 온갖 갑질과 부당한 요구를 감내하고 참는 것은 먹고살기 위한 고귀한 희생이자 인내가 되지만, 그 주체가 여성일 경우 그것은 '저도 좋았으면서 여태껏 뭐 하다 이제 와서'라는 식의 비난을 들을 만한 개인의 '변심'이자 사적인 '원한'으로 취급되는 것이다.

버텨도 문제, 퇴사해도 문제

고인이 된 박원순 전 시장과 관련하여 그의 비서였던 피해자에 대해서도 비슷한 여론이 속출했다. 왜 진작 싫다는 이야기를 하지 않고 그동안 뭐 하다가 이제 와서 저러느냐고, 혹시 배후에 누가 있는 것은 아니냐고, '연애' 감정을 가지고 잘 만나다가 뭔가 틀어지니 수 쓰는 것이 아니냐는 식의 비난이 빗발쳤다.

이들이 피해자를 의심하고 매도하는 근거 역시 김지은 씨 경우와 정확하게 같았다. 정말로 싫었다면 진작 직장을 그만두거나 싫다는 이야기를 했을 텐데, 그러지 않고 가만히 있었다는 것이 이유였다. 직장 내 위력에 왜 저항을 하지 못했냐고 책망하는 모습이나, 여차하면 직장을 그만두라는 이야기가 이렇게 쉽게 나오는 까닭은 역시나 우리 사회가 여성의 커리어나 직업을 남성의 그것만큼 진지하게 여기지 않는다는 방증이다. 먹고사니즘에 대한 잣대가 성별을 기준으로 백팔십도 바뀌는 것이다.

그러니 이 사회를 살아가는 여성으로서는 그야말로 거미줄에 갇혀 옴짝달싹 못하는 처지나 마찬가지인 셈이다. 직장 내 온갖 갑질을 인내하며 버티면 갑질의 대상을 진심으로 '좋아하는' 것처럼, 그 갑질에 동의한 것처럼 취급되고, 부당한 요구에 저항하거나 이의를 제기하면 사회생활을 제대로 하지 못하고 다루기 불편한 사람이 되어 버리며, 결국 견디다 못해 회사를 그만두면 이래서 여자는 안 된다고, 여자는 못 쓰겠다는 소리를 듣게 되며, 회사에 다니는 대신 가사와 육아 노동을 하게 되면 '집에서 노는', '남편에게 기생하는' 취급을 받곤 하니 말이다.

낙태의 '남용'이 가능해?

프랑스의 소설가 아니 에르노가 임신 및 낙태 경험을 바탕으로 쓴 자전적 이야기 《사건》에는 다음과 같은 구절이 나온다.

오기노식 피임법에 따르면 위험한 시기라는 사실을 알고 있었지만, 내 배 속에 '그것이 생길 수 있다'라고는 생각하지 않았다. 사랑과 쾌락을 누리며, 내 육체가 남자들의 육체와 본질적으로 다르지 않으리라 생각했다. (16쪽)

이 구절을 읽는 동안 살면서 무수히 지나친 장면들이 한꺼번에 겹쳐졌다. 둘째를 가진 것을 확인했을 때, 미리 준비하고 기다렸던 아기였음에도 임신으로 인해 앞으로 내 몸에 일어날 변화에 대해 느꼈던 두려움. 그보다 더 앞으로 거슬러 올라가서, 생리가 시작되지 않을 때 경험한 공포감. 피임을 확실히 했음에도 만에 하나 일어날 수밖에 없는 일에 대한 불안. 그걸 바탕으로 뻗어나가는 무한한 (부정적인) 상상과 감정들.

낙태를 반대하는 많은 사람이 말한다. 낙태가 허용되면 부도덕하고 무절제한 성관계로 인하여 무책임한 임신이 증가할 것이라고. 한편으로는 배 속 태아를 간단히 없애려는 시도가 늘어날 것이라고 우려하기도 한다. 그런데 정말 그럴까?

회사를 다니던 시절에 매년 건강검진을 받았다. 한번은 가슴에서 무언가 발견되었고, 정밀검사가 필요하다는 소견을 들었다. 찜찜하지만 그냥 넘어갔다. 마치 치과에 가는 걸 미루는 아이처럼 말이다. 다음해에 조금 커졌다는 이야기를 들었지만, 역시나 또 미루고 말았다. 별일 아닐 것이라 생각하기도 했고, 무엇보다 겁이 났기 때문이다. 확인을 하러 병원에 가게 되면 무언가 조치를 취해야 할 텐데 그건 너무 무서우므로.

그러다 그다음 해에 가슴 안의 무언가가 더 커졌다는, 반드시 의사와 상담하라는 말을 듣고서야 비로소 병원에 갈 결심을 하게 되었다. 의사는 가슴 속 혹의 정체(양성인지 악성인지)를 파악하기 위해서는 수술을 통해 조직을 체취하여 정밀 검사를 진행해야 한다고 말했다. 결국 맘모톰 수술(유방에 구멍을 뚫어 조직을 제거 • 검사하는 수술)을 받게 되었다. 진료를 보기 전, 진료를 보고 결과를 들기 전 대기실에 앉아 있던 순간이 지금까지도 기억난다.

결과적으로 수술은 무사히 끝났으며, 검사 결과 왼쪽 가슴 속 혹은 양성으로 판명되었다. 의사의 설명대로 무척 간단한 수술이었으나 생각보다 훨씬 더 아팠다. 하지만 아픔보다 더욱 나를 힘들게 한 것은 두려움이었다. 아마 과거로 돌아가서 또 같은 상황에 처한다 할지라도 같은 행동을 할 확률이 높다고 생각한다. 피할 수 있었으면 피했을 것이다. 커지지만 않았다면 지금까지도 그대로 두었을지 모른다. 수술은 불가피한 상황에서 하는 최후의 수단이다. 하물며 '혹'을 떼낼 때조차 그러하다.

지난해 임신 14주까지 낙태를 조건부로 허용하는 법률이 통과되었다. 그러나 임신을 유지할 것인지 혹은 중지할 것인지를 결정 짓기에 14주는 지나치게 짧은 기간인 듯하다. 어떤 이들은 이를 두고 낙태의 전면 합법화가 이루어지면 '무분별한 낙태'가 이루어지거나 낙태가 '남용'되는 일이 벌어질 것이라며 그 이상을 바라는 것은 욕심이라는 이야기를 한다. 그러나 낙태는 그런 것이 아니다. 말 그대로 '수술'이며, 그런고로 육체에 후유증과 흔적을 남길 수밖에 없다. 몸에 이상 증세가 나타나더라도 과거의 나처럼 무서워서 병원에 가보지도 못하는 사람이 태반이다. 혹시라도 수술을 받아야 할지도 모르니까 현실을 외면하는 것이다. 낙태라고 다르지 않다. '낙태' 수술이 아니라, 낙태 '수술'인 것이다.

또한 낙태 수술은 합법이라서 마음껏 받는 것도, 불법이라고 안 받는 것도 아니다. 그냥 그럴 수밖에 없는 사람들이 받는 것이다. 수술을 받기로 결정한 사람들이라고 그 결정이 쉬웠을 리가 없다. 육체에는 후유증이 남고, 정신적인 충격과 부담감과 죄책감도 남는다. 낙태가 허용된다고 하여, "어라, 임신이네, 낙태해야지" 하면서 단숨에 병원으로 향하여 수술을 받고 상쾌한 기분으로 나올 여성은 없을 것이란 이야기다. 그럼에도 어쨌든 달리 방법이 없기 때문에 받는 것이다.

국가와 시대를 막론하고 여성 소설가들의 작품을 읽다 보면 작품 속에 임신과 낙태에 대한 이야기가 반복적으로 등장한다는 사실을 알게 된다. 성공과 열망이 좌절되는 과정, 끔찍한 폭력, 비극적 트라우마, 내면세계가 무너지는 모든 자리에 원치 않는 임신과 그것을 중단하기 위해 행해지는 위험한 낙태가 자리하고 있었다. 예나 지금이나 임신과 출산으로 인해 여성들은 인생 전체가 뒤흔들리는 경험을 한다.

대부분의 작품 속에서 낙태는 불법이지만, 그럼에도 그들은 멕시코로 원정을 떠나면서까지, 뜨개바늘로 자신의 자궁을 찔러 대면서까지, 온몸이 부서질 각오를 하고 계단에서 구르면서까지, 시술 중 많은 환자를 죽였다는 무면허 의사에게 거액을 건네면서까지 낙태를 시도한다. 그야말로 생명이 위험할 수 있다는 사실을 알면서도 목숨을 걸고 시술을 받는다. '남용'을 위해서가 아니라, '생명'을 경시해서가 아니라, 그럴 수밖에 없으니까. 목숨을 걸 수밖에 없을 정도로 절박하니까. 낳을 수 없는 아이를 억지로 낳는 것이나, 불법 시술을 받다 죽는 것이나, 그들에게 있어서는 큰 차이가 없으니까.

낙태의 전면 합법화는 낙태 수술을 마음껏 받자는 주장이 아니다. 남은 인생 동안 육체적인 부담을 져야 하는 사람도, 정신적인 죄책감을 안고 가는 사람도 여성이기에 거기에 '법'적으로 '죄'까지 더하지 말자는 것이다. 설령 낙태를 전면 합법화하더라도 낳아야겠다는 결심을 한 사람은 낳을 것이며, 전면 불법화하더라도 낳을 수 없는 사람은 어떻게 해서든지 낳지 않을 것이다.

질병의 사회역학을 다룬 책, 《아픔이 길이 되려면》에서 저자인 김승섭 교수는 이야기한다. "낙태를 규제한다고 원치 않는 임신을 한 여성의 수가 줄어들 리는 없습니다. 결국 법을 우회하는 길을 찾을 수밖에 없겠지요. 낙태수술은 과거보다 더 높은 비용으로 은밀히 진행될 것이고, 많은 여성이 위험하기 그지없는 낙태 방법에 의존하게 되겠지요."

그러면서 김승섭 교수는 루마니아의 사례를 소개한다. 1965년, 루마니아에서는 낙태를 전면 금지하면서 여성들의 임신과 출산을 통제했다. 이후 불법 시술을 받은 많은 여성이 합병증을 앓다가 사망하였고, 원치 않은 임신으로 태어난 아이들 중 적지 않은 수가 방치되어 죽거나 불행한 생을 살았다. 잠시 증가하는 것처럼 보였던 출산율은 다시 제자리로 돌아왔고, 시민들은 혁명을 일으켰다.

만약 내가 또다시 임신을 하게 된다면 어떤 선택을 할 것인가 생각해본 적이 있다. 내가 낳은 아이들을 사랑하고, 엄마가 된 것

을 후회한 순간이 그리 많지는 않으며, 아이를 낳기 전으로 돌아
간다 하더라도 다시 아이를 낳을 것이다. 그러나 만약 지금 이 순
간 또다시 임신을 하게 된다면. 곤란한 이유가 수백 가지는 있지
만 그렇다고 그리 간단히 결정하지도 못할 것이다. 낙태의 전면
합법화가 이루어지든 아니든 말이다. 다만 어떤 쪽이든 '스스로'
선택하고 싶다. 내 몸은 나의 것이며, 내 인생을 책임지는 것도 결
국 나이기 때문이다.

남성적인 작가,
여성적인 작가

한때 소설을 더 잘 읽고 싶고, 더 잘 쓰고 싶은 마음에 소설을 배우러 다녔다. 수업은 기성 작가들의 작품을 분석한 뒤 각자 자신의 작품을 써 오는 방식으로 진행되었다. 하루는 수업 시간에 정용준 작가의 작품을 읽었고, 다 읽고 돌아가면서 소감을 말하는데, 한 수강생이 이런 이야기를 했다.

역시 남성 작가의 작품이라 그런지 뭔가 굵직굵직하고, 이야기도 힘이 있고, 그래서 마음에 들어요. 여성 작가들하고 다르게. 여성 작가들은 너무 소심하다고 해야 하나, 작은 이야기만 다루고 그러잖아요. 그래서 전 여성 작가보다는 남성 작가가 잘 맞는 것 같아요. 그 이야기를 들은 내 얼굴은 그만 돌처럼 굳고 말았다.

'아니 저 말이 왜요?' 하고 의문을 품을 사람도 있을 것이다. 일단은 수강생 대부분이 여성이고, 말하는 본인도 여성이고, 강사도 여성인 상황에서 저런 이야기를 하는 것 자체가 굉장히 실례인 동시에 아이러니하다고 느꼈다. 물론 의견 자체도 동의할 수 없었고. 하지만 이는 사람들이 흔히 보이는 태도이기도 하다.

"여성 작가 같지 않다"는 말에 담긴 의미

사람들은 굉장히 쉽게 말하곤 한다. 여성 작가는 어떻고 남성 작가는 어떻다고. 여성 작가들은 너무 섬세해, 예민해, 징징거려, 소심해, 내면세계에만 집중해, 개인적이고 작은 문제만 다뤄, 사랑 타령만 해, 기타 등등. 심지어 소설가 박범신은 정유정의《7년의 밤》이 훌륭한 이유에 대해 이런 '칭찬'을 하기도 했다. "여성 작가들이 흔히 빠지기 쉬운 여러 문학적 함정들을 너끈히 뛰어넘고 있기 때문"[*]이라고. 그러면서 사람들은 여성들도 남성들처럼 넓고 다양한 작품을 다루었으면 좋겠다는 건설적인 조언을 하기도 한다. 그런데 듣다 보면 궁금해진다. 실제로 여성 작가들이 저런가? 저것이 여성 작가의 특징인가?

* 박상현, 〈어느 남성 작가의 추천사〉(https://slownews.kr/76450)에서 재인용.

당연히 그렇지 않다. 소설《레베카》를 비롯하여 다수의 작품을 쓴 고딕 소설의 대가 대프니 듀 모리에나,《열차 안의 낯선 자들》을 비롯하여《리플리》로 대략 세계적인 작가로 올라선 퍼트리샤 하이스미스에 대해 여성적이라 말하는 사람은 없다. 앞서 정유정이 "여성 작가들이 빠지기 쉬운 문학적 함정을 너끈히 비껴간다"고 '찬사'를 들었듯이, 이들은 대담하고, 카리스마적이며, 공격적인 문체로 특징지어졌다. 흥미로운 부분은 이 작가들이 '여성'으로 간주되지 않는다는 것이다. 말하자면 여성 작가의 작품 중에도 여성의 스테레오 타입에 부합하는, 섬세하고, 내밀한 세계를 다루는 작품과 그렇지 않은 작품이 공존함에도 전자의 경우 여성적이라는 딱지가 붙고 후자의 경우 그렇지 않은 것이다.

메리 셸리의《프랑켄슈타인》은 생명을 부여할 수 있는 방법을 연구하던 물리학자 프랑켄슈타인이 죽은 자의 신체를 이용하여 거대한 '괴물'을 만들어내는 내용이다. 공포소설의 원형으로 꼽을 수 있을 만한 이 작품을 두고 '대단히 여성스러운 소설!'이라고 말하는 사람은 없다. 메리 셸리에 대해 '역시 여성 작가라서 위대해!'라고 성별을 붙이는 사람 또한 없다. 위대한 작품을 쓴 여성 작가들은 작품 앞에서 성별이 소거된다.

어째서일까? 이는 아마도 인간의 기본 모델이 '남성'으로 설정된 동시에, 남성이 가진 요소는 긍정적인 면으로 치부되고, 여성이 가진 요소는 부정적인 것으로 부각되는 경우가 많은 것과 일정 부분 연관이 있는 듯하다. 넓고 확장된 세계를 다루는 것, 인간의 본성 같은 심오한 주제를 다루는 것, 기발하고 창의적이며 재미있는 것, 모두 남성의 기본값으로 설정되어 있다.

따라서 여성이 이런 문제를 다룰 경우 "여성 작가 같지가 않네" 혹은 "여성 작가인 줄 몰랐어요"라는 이야기를 듣기 일쑤다. 그들이 이룬 업적은 여성의 긍정적인 특성으로 반영되는 것이 아니라 오히려 '탈여성'으로 분류된다. 이것이 '칭찬'이 된다. 섬세한 내면세계와 같이 전형적인 '여성의 문제'로 치부되는 것들을 다루는 경우에만 비로소 다시 '여성스럽다'라는 칭찬과 비판이 가해진다.

이러한 상황이다 보니, 여성 작가들로서는 작품 활동을 하는 동안 남성에 비해 훨씬 강한 장벽을 만나게 된다. 사랑 이야기와 개인의 내면, 일상생활 등의 소재를 남성 작가가 다룰 때는 "남성이 섬세하기까지 하다"며 칭찬을 듣지만, 여성이 그런 글을 쓰면 전형적이라는 비판을 받곤 한다. 많은 여성 작가가 자신의 성별을 숨기거나 중성적인 가명을 만들어 사용하는 것이 놀랍지 않은 이유이다.

글쓰기에 관한 성별 고정관념

어슐러 르 귄은 저서인 《밤의 언어》에서 작가의 성별에 따라오는 고정관념에 대해 지적한다. 르 귄은 제임스 팁트리 주니어의 단편집 《어느 늙은 유인원의 별 노래(Star Songs of an Old Primate)》의 머리말을 썼는데, 이 머리말의 주된 내용은 르 귄이 제임스의 정체를 알아차리는 과정으로 이루어져 있다. 말하자면 르 귄이 오랫동안 남성의 가명을 쓰고, 당연히 남성인 줄 알았던 자신의 친구이자 동료 작가 제임스 팁트리 주니어가 실은 여성인 앨리스라는 사실을 안 이후의 소회를 밝힌 글이라고 할 수 있다.

르 귄은 《어느 늙은 유인원의 별 노래》의 저자인 앨리스 브래들리 셸던이 제임스 팁트리 주니어란 필명으로 작품 활동을 시작했고, 상당히 인기를 얻었는데, 인기를 얻음에 따라 그의 글쓰기 방식을 둘러싸고 여러 논란이 있었다고 서술한다. 한쪽에서는 '남성답지 않게 섬세한 면'이 돋보인다면서 실은 팁트리의 정체가 여성이 아닐까 추측하기도 하고, 다른 쪽에서는 "제인 오스틴의 소설을 남성이 쓸 수 없고 헤밍웨이의 소설을 여성이 쓸 수 없는 것과 마찬가지로" 그의 글에서는 "피할 수 없는 남성적인 요소가 보인다"는 이야기를 하기도 했다. 일부 페미니스트는 팁트리는 여성을 이해하는 척하지만 남성이기에 본질적으로는 이해할 수 없으며, 잘못된 글쓰기라는 비난을 가하기도 했다. 물론 팁트리의 정체가 공개되면서 이러한 모든 추측은 한낱 오류일 뿐이라는 사실이 증명되었지만 말이다.

사실 여성 작가와 남성 작가에 대한 편견과 고정관념은 비단 남성이나 성차별주의자만 갖고 있는 것이 아니다. 앞서 언급한 것처럼 같은 여성 중에서도 여성 작가의 작품을 무시하는 이들이 있고, 실제로 성폭력 문제를 여성주의 관점에서 진지하게 다루는 작품임에도 작가의 성별이 남성이라는 이유로 부당한 공격을 당하기도 한다. 말하자면 젠더에 대한 고정관념과 그에 따라 특정한 기대치를 갖는 것은 누구나 범할 수 있는 오류라는 것이다. 비단 문학이나 글쓰기에만 해당하는 건 아닐 것이다.

누가 '책 읽는 여성'에게
돌을 던지나

"할 수만 있으면 공부를 더 시키는 것이 좋지요."

"공부는 더 해 무엇하겠소. 고등여학교 정도면 족하지."

"여자도 전문교육을 받아야 해요. 여자의 일생처럼 위태한 것이
어디 있나요."

"그러기에 잘난 여자가 되지 않는 것이 좋아."

"제 한 몸을 추스를 만한 전문이 없어 불행에 이른다면 부모, 형
제, 친구를 괴롭게 하니까 결국 마찬가지야."

"잘나지 않으면 불행에 이르지 않지."

　　　　-나혜석, 〈어머니와 딸〉, 《나혜석, 글 쓰는 여자의 탄생》

이상은 근대 한국의 화가이자 소설가였던 나혜석의 〈어머니와 딸〉이라는 단편소설의 한 대목으로, 딸에게 공부를 더 시키라는 친척의 권유를 그의 어머니가 거절하는 장면이다. 어머니는 어째서 딸의 교육을 반대했던 것일까? 왜 "잘난 여자는 불행에 이른다"고 단언했던 것일까? 작가는 이 작품에서 어머니 캐릭터를 부정적으로 그리고자 했던 걸까? 아마도 그렇지는 않을 것이다. 소설 속 어머니의 태도는 당대의 사람들이 '교육받은 여성'을 어떻게 인식했는지를 보여주는 하나의 사례일 뿐이다. 나혜석은 시대가 여성의 교육에 어떠한 태도를 보였는가를 간접적으로 꼬집고자 했던 것이다.

이러한 경향이 새삼스럽지는 않다. 교육받은 여자, 즉 '잘난 여자'에 대한 인식은 국경을 초월하여 대개 비슷했다. 1800년대 후반에 활동한 미국 작가 케이트 쇼팽의 소설 〈각성〉에는 다음의 장면이 나온다. 주인공 퐁텔리에 부인이 점차 자기 목소리를 내며 책을 읽고 작품활동을 열심히 하자 그의 남편은 정신과 의사를 찾아가 아내가 '이상해졌다'며 상담을 하는데, 이때 남편의 호소를 들은 정신과 의사는 다음과 같이 답한다. "혹시 아내 분께서 최근에 지적인 척하는 여성들, 아주 고상하며 잘난 척하는 여성들과 어울리지 않았나요?"

이처럼 여성은 단지 교육을 받았다는 사실만으로 '잘난 여자'가 되어버렸으며, 자신의 의견을 말하는 것만으로 '지적인 척하는', 또는 '고상한 척하는' 사람이 되어버리곤 했다. 그런 사람들과 어울리는 것은 정신과 의사로부터 조언을 들을 만큼 위험한 행위였다. 이때 교육의 상징처럼 기능하던 것이 다름아닌 책이었다. 책이란 애초에 교육받은 사람만 읽을 수 있는 것이었으므로. 따라서 책을 읽는 행위는 교육을 받아 생각할 줄 아는 사람이 된다는 의미였다.

당연히 세상은 '책 읽는' 여성을 호락호락 내버려두지 않았다. 여성이 생각을 하고 자신의 의견을 이야기하도록 가만두지 않았다. 책을 읽으면 허튼 생각을 하게 된다거나 여자가 너무 잘나면 못쓴다고 호통을 치는 등 아예 문자 자체를 배우지 못하게 하는 경우도 허다했으며, 교육을 시키더라도 동시대 남성에 비해 기초적인 수준에 그치게 하는 경우가 많았다. 여성들은 때로 교육에 대한 열망을 내보이는 것 자체로 벌을 받곤 했다. 교육을 받으면 글을 읽게 되니까. 글을 읽으면 생각을 하게 되니까. 생각을 하면 문제를 인식하게 되니까. 문제를 인식하면 의견을 말하게 되니까.

혹 위의 작품들은 '고전'이기 때문에 어쩔 수 없다는, 당대는 지금보다 여성에게 훨씬 더 억압적인 시대였다는 이야기를 할 사람들이 있을지 모르겠다. 그러나 현대에 이르러서도 상황은 크게 다르지 않다. 물론 과거에 비해 성별에 따른 교육 격차는 현저하게 줄어든 상황이지만 그럼에도 교육받은 여성, 혹은 책 읽는 여성, 즉 생각을 하는 여성에 대한 인식은 아마도 본질적인 측면에서 과거와 크게 달라지지 않았다고 봐도 좋을 듯하다.

지난해 화제가 된 한 칼럼만 봐도 그렇다. 김민식 전 문화방송 피디는 〈한겨레〉에 '지식인의 책무'란 글을 게재하면서 부모님의 일화를 가져다 썼다. 어릴 적 어머니를 때렸던 아버지의 이야기로 글을 시작한 그는 책을 전혀 안 읽는 사람과 너무 많이 읽는 사람이 같이 살면 너무 많이 읽는 사람이 더 불행하다며, 아마도 책을 너무 많이 읽은 어머니가 사사건건 문제 제기를 하다 보니 그것이 아버지의 열등감을 건드렸고, 그로 인해 둘의 사이가 더욱 나빠졌을 것이라 추측했다. 그러면서 지식인은 지적 우월감을 느끼며 상대를 계도의 대상으로 보는 대신 존중하는 것이 먼저라고 마무리했다.

이 칼럼은 결국 가정폭력을 옹호한다는 가열찬 비판 끝에 본문이 삭제되고 필자와 편집부의 사과문이 게재되는 유례없는 결말을 맞이했다. 칼럼이 삭제된 이후에도 비판은 쉬이 사그러들지 않았는데, 어떤 이들은 이러한 상황을 두고 지나친 처사라고, 비록 가정폭력이라는 잘못된 예시를 끌어오긴 했으나 본문의 주제는 '지식인에 대한 비판'이라며, 가정폭력을 소재로 들었다는 이유로 비판을 지속하는 것은 달이 아닌 손가락을 보는 행위라는 반응을 보이기도 했다.

나 역시 직성자가 어떤 악의적인 의도를 가지고 칼럼을 썼다고 생각하지는 않는다. 그는 말 그대로 무의식적으로 그런 사례를 가져다 썼을 것이다. 진짜로 말하고자 했던 바는 지식인이 가져야 마땅한 겸양이었을 것이다. 하지만 그것이 해당 칼럼을 옹호할 이유가 될 수는 없다. 오히려 무의식적으로 적은 내용이라 더욱 문제가 된다고도 할 수 있기 때문이다.

언어는 생각의 발현이다. 해당 건은 글쓴이가 평소 책 읽는 여성에 대해 가지고 있던 생각이 저도 모르게 표출된 것이라 보아도 좋을 것이다. 책을 많이 읽는 여성은 까다로운 여성, 문제를 보면 넘어가지 못하고 매번 지적을 해야 직성이 풀리는 피곤한 여성, 남성에게 고분고분하지 않은 바람직하지 못한 여성이란 인식이 그의 마음 한편에 자리하고 있었던 것이다. 그것이 자신의 어머니는 "지나치게 많은 책을 읽어 불행해졌다"는 통탄과 아쉬움으로 표출되었던 것이다. 결국은 공부하는 여성, 글을 읽고 쓰고 생각을 하고 자신의 의견을 말하는 여성에 대한 생각이 나혜석과 케이트 쇼팽이 살던 시절에서 크게 변하지 않은 것이다.

그럼에도 불구하고 모든 것을 그 글을 쓴 이 혼자만의 잘못이라고 할 수는 없다. 해당 칼럼은 하나의 사례일 뿐, 그러한 인식은 비단 그에게서만 발견되는 것이 아니기 때문이다. 이로부터 얼마 지나지 않아 〈한겨레〉에는 코로나 발생 이후 20대 여성의 자살률이 급격히 증가했다는 기사가 실렸다. 기사 밑에는 여성들이 교육을 너무 많이 받아서, 페미니즘에 노출되고 예전에 비해 공부와 생각을 지나치게 많이 해서 불행해졌다는 댓글이 수백 개가 넘게 달렸다. 주로 남성들이 남긴 것이었는데, 그들은 여성들이 성차별에 민감하게 반응하기 시작하면서 이전 대비 '작은' 차별을 그냥 넘기지 못하게 되었고, 그것이 스트레스로 이어졌다고 주장했다.

역시나 김민식 피디가 쓴 칼럼과 크게 다르지 않은 태도이다. 여성이 너무 많은 책을 읽음으로써 지나치게 많은 정보를 알게 되고 그로 인해 불행해졌다는, "잘난 여성은 불행한 여성"이라는 메시지의 반복. 하지만 잘난 여성, 공부하는 여성, 책을 읽는 여성이 불행한 이유가 과연 지나치게 많은 책을 읽었기 때문일까? 혹 책을 읽는다는 이유로 돌을 던졌던 주변 사람들 때문은 아니었을까? 잘난 척한다는, 고상한 척한다는, 적당히 수그리지 못하고 매사 문제를 제기한다고 비난했던 사람들 때문은 아니었을까?

한 사람이 죽음을 선택하는 데는 수백 수천 가지 복잡한 이유가 존재할 것이다. 그렇기에 쉽게 단정지어 이야기할 수 없는 문제다. 다만 적어도 분명한 사실은 그 누구도 "잘난 남성은 불행한 남성"이라는 이야기는 하지 않는다는 점이다. 그 누구도 '책 읽는 남성'에게는 돌을 던지지 않는다는 것이다.

농담과 권력

나는 한때 참으로 잘 웃는 사람이었다. 회사원 시절 남자 동료들의 수위가 높은 농담에도 거침없이 웃었다. 그래서인지 그들은 나를 '쿨한' 사람이라고 생각하는 듯했다. "원래 남자들끼리만 보는 건데 승혜 씨는 괜찮을 것 같아요"라는 멘트를 곁들여 이런저런 메일을 보내주기도 했다. 거기에는 주로 이런 내용이 적혀 있었다.

이를테면 남자의 이상형은 예쁜 여자도, 착한 여자도 아닌 낯선 여자라든지, 여자 나이는 크리스마스 케이크와 같아서 24세부터 잘 팔리기 시작해 25세에 정점에 이르렀다가 26세부터는 확연히 가치가 떨어진다든지, 나이에 관계없이 남자들은 모두 20대 여자를 좋아한다든지 하는 내용. 동료 남성들은 정말 웃기다고,

혹은 맞는 말이라고 맞장구를 치며 그런 내용을 돌려보곤 했다.

메일을 받아볼 때마다 기분이 이상했다. 이런 게 정말 웃긴가? 하는 의문에서부터 대체 이런 걸 나에게 보내는 의도는 무엇일까에 이르기까지 온갖 상념이 머릿속을 스쳐 지나갔다. 그럼 25세를 넘긴 나는 저들에게 여성으로서 가치가 없다는 뜻인가, 하는 생각과 동시에 그런 생각을 하는 나 자신이 마치 그들에게 여성으로서 인정받고 싶은 욕망을 가진 것처럼 느껴져 수치스럽기도 했다. 언젠가 유명 대기업에 다니는 예쁜 여성들의 사진을 모아 놓은 파일을 받았을 때는 이런 자료를 몰래 공유한다는 데 대한 충격과 함께 일반인의 사진을 이런 식으로 돌려보고 품평해도 되는 건가 하는 의구심이 들기도 했다.

그래도 나는 아무 이야기도 하지 않았다. 늘 웃기만 했다. 예민한 사람이 되고 싶지 않았다. 문제를 일으키고 싶지 않았다. 화를 내면 그들이 비웃고 농담의 대상으로 삼는 다른 많은 여성 중 하나가 되는 것만 같았다. 그러기는 싫었다. 계속해서 쿨한 사람이고 싶었다. 너무도 격하게 남성 커뮤니티의 일부에 속하고 싶었다. 그들과 같은 방식으로 웃고, 같은 방식의 농담을 하면 그들이 가진 권력을 나누어 가질 수 있을 것만 같았다. 그래서 같이 웃었다.

하지만 오래지 않아 모든 것은 나의 착각이었음을 깨달았다. 여성을 비하하는 농담에 웃는다고, 다른 여성을 품평하거나 대상화하는 농담에 참여한다고, 쿨한 사람이 되는 것도, 남성이 가진 권력을 나누어 가질 수 있는 것도 아니었다. 그것은 오히려 나의 정체성을 연약하게 만들고 입지를 점점 더 좁히는 행동일 뿐이었다. 재미없는 농담에 대응하는 방법은 오로지 웃지 않는 것뿐이라는 사실을 뒤늦게야 알게 되었다.

그때부터 나는 함부로 웃지 않는다. 모욕적인 말, 재미없는 농담, 천박하고 저열하며 약자를 공격하는 모든 농담에 정색한다. 재미없다고 대꾸한다. 이런 나를 두고 사람들은 농담도 이해 못하는 꽉 막힌 사람이라고 말한다. 하지만 남을 공격하는 유머는 옳지도 않을뿐더러 결정적으로 웃기지도 않다. 그 뒤로 웃을 일은 줄어들었지만 아이러니하게도 세상이 훨씬 재미있어졌다. 나는 더 자유로워졌다.

하지만 세상은 내가 자유로워지는 것만으로 달라지진 않았다. 몇 해 전에는 페이스북 친구였던 한 남성이 밸런타인데이라며 "초코렛 안 주시나요?" 하는 메시지를 보내왔다. 처음에는 실수인 줄 알았다. 비록 '페친'이기는 했지만 이름과 프로필 사진을 제외하고선 아무것도 모르는 사이였기 때문이다. 그런데 느닷없이 초콜릿을 달라니. 평소에 별다른 교류도 없었고, 신상정보도 모르고, 내가 어떠한 호감이나 친근감을 표현한 기억도 없는 사람인데, 대체 왜? 제가 왜 초콜릿을 드려야 하냐고 되묻자 그는 대답했다. "친구니까요." 우리는 페이스북 친구일 뿐 '정식' 친구가 아니며, 이런 메시지는 적절하지 않은 것 같다고 답하자 그는 아무렇지 않게 말했다. "그저 오늘이 초코렛 날이라 농담 한번 해봤어요.”

이런 이야기를 하자 주변에서는 뭐 그런 경우가 다 있냐고, 세상에는 참 이상한 사람도 많다고 놀랐지만, 사실 SNS를 하는 여성에게는 그다지 드물지 않은 일이다. 친근함을 빙자한 불쾌한 접근과 아무 말 대잔치, 어김없이 따라붙는 농담이었다는 변명까지. 온갖 황당한 사례를 듣다 보면 이게 과연 ‘일부’의 특수한 경우일까 하는 생각이 든다.

오래전 주기적으로 메시지를 보내던 남성은 노동운동과 진보적 가치에 목소리를 높이던 이였다. 겉으로는 멀쩡해 보였다는 말이다. 아이가 자꾸 엄마를 때려서 고민이라며, 댁의 아이는 어떠십니까로 시작된 메시지는 어느 틈에 정말 미인이시라는 둥, 선생님은 보기만 해도 즐겁다는 둥의 이야기로 넘어갔다. 이때는 불쾌함을 표현하는 것조차 쉽지 않았다. 내가 너무 과민한가? 나한테 왜 이러지? 상대는 아무런 의도가 없는데 나 혼자 오버하는 것이면 어쩌지? 나를 공주병으로 여기는 건 아닐까? 결국 그런 일이 몇 번 반복된 후에야 고민 끝에 의사표현을 했고, 그는 이렇게 대답했다. “불편하셨다니 죄송합니다만 농담이었어요.” 이쯤 되면 일종의 패턴이다.

설령 정말로 ‘농담’이었다고 할지라도, 이 일방적이기 짝이 없는 대화는 일종의 권력 지형도를 보여준다. 군대의 고참이나 직장 상사에게 아무렇지 않게 농을 던질 수 있는 사람은 거의 없다. 그들은 조심스럽고 어려운 상대이다. 우스갯소리 하나를 하더라도 상대의 기분과 취향을 면밀히 고려해야만 한다. 반면 SNS를 떠도는 이 수많은 '농담'들은 어떠한가. 왜 말하는 사람은 아무렇지 않은데 듣는 이는 불편함을 표현하는 것조차 어려워하는가.

눈치는 약자의 언어라고 한다. 본인들도 인지하지 못했겠지만, 그토록 무신경하면서 무례하기 짝이 없는 용감한 시도를 할 수 있는 이유는 그렇게 해도 되기 때문이다. 줄곧 그렇게 지내왔기 때문에. 그렇게 해도 아무런 문제가 없었기 때문에. 그러나 듣는 입장에서는 자신이 너무 예민한 것은 아닌가 하는 검열에 시달리며 제대로 된 대응을 하는 것조차 힘들다. 또한 불편함을 표현하는 순간마저 침착함과 상냥함을 유지하는 경우가 많다. 상대가 어떤 해코지를 할지 몰라 두려우니까.

나 역시 위에서 언급한 메시지를 받고 불쾌함과 황당함 이전에 가장 먼저 느꼈던 감정은 공포였다. 내가 무언가 '여지'를 준 것은 아닐까? 상대방을 오해하도록 만든 것은 아닐까? 너무 친절했던 것은 아닌가? 뭔가 실수를 한 것 아닐까?

당연한 말이지만 농담에도 권력의 힘이 작동한다. 부장님의 개그에 직원들이 뒤집어지게 웃는다고 그게 재미있다는 뜻은 아닐 것이다. 약자는 농담을 던질 때에도, 그에 대응할 때에도 스스로를 검열할 수밖에 없다. 불균형한 힘 앞에 "왜 더 강하게 거부하지 않았어?", "당신이 그렇게 싫어하는 줄 몰랐어", "농담이었어"와 같은 말은 공허하다.

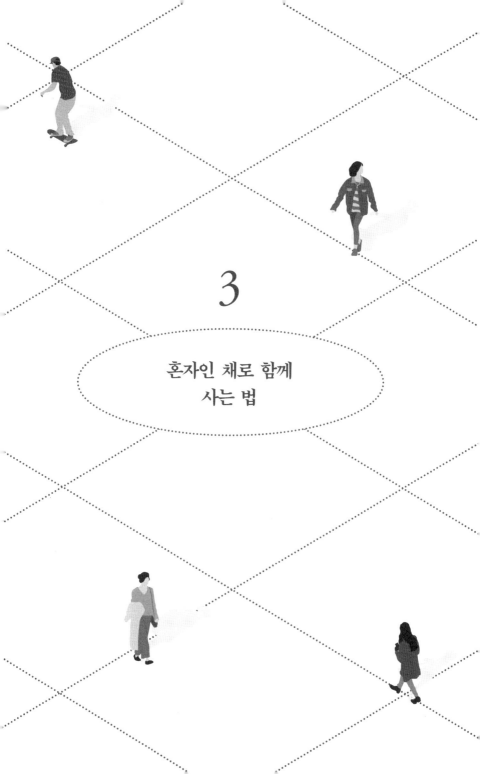

3

혼자인 채로 함께
사는 법

어느 '악질' 택배기사와의 추억

첫째의 돌은 집에서 치렀다. 가족 행사인데 누굴 부르기도 애매하여 집에서 조용히 치르기로 정했다. 거기까진 좋았는데 소소한 준비가 말썽이었다. 돌상에 그렇게 많은 준비가 필요한지 이전까진 미처 몰랐던 것이다. 상보, 화촉, 병풍, 돌잡이용품부터 시작해서 이것저것.

이왕 집에서 하기로 한 거 용품까지 직접 만들어서 대충 하려다가 너무 볼품이 없을 것 같아 고민을 하고 있었는데, 알아보니 '돌잔치 세트' 라는 것이 있었다. 전용 병풍부터 전용 상, 각종 음식을 차려서 전시할 수 있는 유기부터 돌잡이용품까지, 대략 3만 원에서 10만 원 사이 금액대에 필요한 물건을 묶어서 빌려주는 업체가 인터넷에 무수히 많았다.

개중 괜찮은 곳을 찾아내어 연락해보니 원하는 금액대의 세트를 주문하면 행사 전날 택배를 통해 보내준다고 했다. 그러고선 행사 종료 후 이틀 뒤에 다시 수거해 간다고. 왕복 택배 비용은 모두 대여비에 포함된 상태였다. 나는 감탄했다. 세상이 이렇게 좋아졌다니! 이젠 집에서 못 시키는 것이 없구나! 역시 돈이 좋아!

주문을 했고, 택배를 받을 날이 되었다. 업체에서 발송했다며 내일이면 도착할 것이라는 문자를 보내주어 이제나저제나 기다리고 있었다. 얼른 받아서 물건이 제대로 있는지, 누락된 것은 없는지 확인해봐야 하는데…. 그러다 초인종 소리가 울렸고, 반가운 마음에 총알같이 뛰어 나갔다.

문을 열자마자 나는 당황할 수밖에 없었다. 기사가 들뜬 표정으로 반갑게 인사하는 나에게 선물 같은 택배를 건네주는 대신 버럭 소리를 질렀기 때문이다.

"안녕하…."

"아니 이렇게 큰 물건을 시키면 어떡해요! 이거 때문에 오늘 하루 종일 물건을 받지도 못하고 얼마나 고생을 했는데!"

순간 나는 벙쪘다. 기사의 뒤를 흘끗 보니 과연 상자가 크긴 컸다. 보통 이사 업체에서 사용하는 어마어마한 크기의 포장 박스 두 개가 덩그러니 놓여 있었다. 이렇게 클 줄은 몰랐는데. 아니 그래도 그렇지, 보낸 게 내 잘못인가? 내가 알았나? 게다가 나는 배송비까지 냈는데? 이게 자기 일 아닌가?

"네? 그게 무슨 말씀이세요? 왜 저한테 화를 내세요?"

"아니 이렇게 큰 물건을 택배 규격에도 안 맞는 걸 시키면 어떡하냐고! 내 차에 이거 두 개 넣으면 꽉 차는데! 이거, 이거 때문에 하루 종일 다른 물건 하나도 못 받았고 일 하나도 못했다고! 이거 한 건 해봤자 손에 떨어지는 것도 없는데 누가 책임질 거예요? 보아하니 이거 반품까지 예약해놓은 것 같은데 난 못 가지러 오니까 그리 알아요! 안 올 거니까 업체한테도 그렇게 전해요!"

그러더니 기사는 엘리베이터를 타고 가버렸다. 대체 그게 무슨 소리냐고 되물을 시간조차 없었다. 나는 커다란 상자 두 개와 닫힌 엘리베이터 문을 멍하니 바라보다가 업체로 전화를 했다. 내가 당한 이 수모를 어딘가에 풀어야 했다. 뭐야 대체?! 자기 차가 작은 게 내 탓이야? 내가 알았어? 난 판매하는 물건을 돈 주고 산 것밖에 없는데 왜 내가 이런 소리를 듣고 이런 꼴을 당해야 하지?!

영업시간이 끝났는지 업체는 전화를 받지 않았고 해당 기사가 소속된 택배 회사 역시 전화를 받지 않았다. 결국 수모는 어디에도 풀지 못했고, 나는 울분을 삭이며 배달된 용품을 정리했다. 마치 한강변에 멀쩡히 서 있다가 뺨을 맞은 기분이었다. 하지만 아이를 축하하는 날을 앞두고 화를 내기 싫어 대충 마음을 다독이며 잠들 수밖에 없었다.

악명 높은 그 택배기사를 응징하고 싶었다

어쨌거나 다음날 행사는 무사히 치렀다. 이제 애물단지 같은 용품을 얼른 치워버려야 했다. 부피도 어마어마하여 둘 곳도 없었다. 하지만 왠지 기사가 떠나며 남긴 말이 마음에 걸렸다. 혹시나 싶어 내가 당했던 일에 대한 하소연도 할 겸 업체에 전화해보았다. 업체에선 그런 일이 있었냐며, 수거해 가시는 기사님은 늘 친절하셔서 전혀 몰랐다고, 본인들이 우리집 담당 기사와 직접 통화해보겠다고 했다. 물건은 포장해서 집 밖에 놔두면 고맙겠다고.

하지만 물건은 2주가 넘도록 덩그러니 밖에 놓여 있었다. 기사는 여전히 오지 않았다. 커다란 박스 두 개가 집 앞에 있으니 통행에도 방해가 되고 미관상으로도 좋지 않았다. 다시금 업체에 전화를 걸었다. 업체는 몹시 곤란해하며 말했다. "아직도 안 가져가셨어요? 그게, 저희들도 이런 경우는 처음이라 당황스럽네요. 따로 전화해서 말씀은 드렸는데… 아무래도 저희가 다른 방법을 찾아봐야겠어요. 퀵으로 예약하든지 해서 처리할게요. 불편 드려서 죄송합니다."

통화한 다음날 퀵 기사가 다녀갔다. 현관 앞을 독차지하던 짐덩어리 두 개가 사라지니 속이 다 시원했다. 이젠 나에게 똥물을 뿌린 택배기사에게 어떻게든 응징을 해야 했다. 아니 진짜, 대체 내가 뭘 어쨌다고 나한테 성질을 내? 나는 택배 회사에 전화해서 이런 일이 있었다고 말했다. 회사 담당자는 몹시 곤란해하며 답했다. "그게… 저희도 몇 번 말씀을 드리고는 하는데, 참… 근데 워낙 하신다는 분들이 없어서… 저희도 이 이상 더 강하게 얘기하기가… 암튼 말씀은 드려볼게요."

뭔가 이상한 예감이 들었고 혹시나 싶어 지역의 맘카페에 알아보니 해당 기사는 예전부터 악명 높은 사람이었다. 다른 업체보다 배달이 늦는 것은 기본이고, 초인종도 누르지 않고 현관 앞에 물건을 던져놓고 갈 때가 다반사라고 했다. 언제쯤 오나 궁금해서 현관문을 열어보면 택배 상자만 덩그러니 놓여 있을 때가 많아 황당한 적이 한두 번이 아니라고 했다. 한 지역은 보통 한 명의 기사가 담당하기에 같은 지역에 사는 회원들이 많이 모인 맘카페의 특성상 그런 게시글 밑에는 원성을 토로하는 댓글이 줄줄이 달렸다.

"정말 잘라버렸으면 좋겠어요, 그 사람!"

"완전 진상이에요. 너무 싫어요."

"전 그래서 ○○택배에서는 절대 안 시키잖아요."

"근데 □□택배에서 시켜도 그 아저씨 오던데요?"

"잘려봤자 금방 다른 업체로 옮겨가는 것 같더라고요."

"사람이 그렇게 없나?"

"일이 힘들긴 힘든가 보네요. 사람을 구하기가 그렇게 힘든 거 보면."

"자기만 힘든가. 우리 다 힘들잖아요. 뭐야 진짜 짜증 나."

그런 댓글을 보며 나 역시 ○○택배를 이용하는 업체에서는 앞으로 절대 주문하지 않으리라는 결심을 했다. 정말로 그래, 자기만 힘들어? 나도 힘들다고! 왜 자기 힘든 걸 고객한테 유세를 부려?

뼈 빠지게 일하는 현장을 목격하고 나니

그러던 어느 날이었다. 아주 늦게 새벽 2시쯤 귀가한 날이었는데, 빈자리를 찾아 지하 주차장을 돌다 공동현관 앞에 임시로 주차된 차량을 발견했다. 작은 세단 뒷좌석에는 크고 작은 택배 상자가 가득했다. 보는 순간 나는 그것이 오래전 나에게 성질을 잔뜩 내고 갔던 ○○택배기사의 차라는 것을 알았다. 그리고 당시 그가 나에게 왜 그렇게 화를 냈는지도. 이렇게 작은 차였다면 돌잡이 세트 상자 두 개면 꽉 찼을 것이다. 그 상자들 때문에 하루 종일 일을 못했다는 그의 말이 무슨 뜻인지를 그제야 알 것 같았다.

아무리 그래도 그렇지, 능력이 안 되면 일을 하지를 말던가! 차가 작아서 일하기 힘든 것은 알겠지만 그건 자기 사정이고! 그때의 기억이 소환되어 다시금 타오르려던 나의 분노는 공동현관에서 나오는 기사의 모습을 보는 순간 바람 빠진 풍선처럼 가라앉고 말았는데, 그가 그 시간, 그러니까 새벽 2시까지 여전히 일하고 있었다는 사실을 깨달았기 때문이다. 그는 그때 나에게 말한 대로 하루 종일 일하고 있었다. 새벽 2시까지.

하루 종일 뼈 빠지게 일한다는 말의 의미를 그때 조금 알 것 같은 기분이 들었고, 분노가 조금 가라앉았다. 친절은 체력에서 나온다. 상냥함은 건강에서 나온다. 하루 종일 일해서 지친 사람이 성질을 부린 것은 어쩌면 필연적인 결과였는지도 모르겠다. 그게 당연하다는 것도 아니고 잘했다는 것도 아니고 그 당시의 불쾌한 기억이 결코 아무렇지 않았던 것도 아니지만, 아마도 시간이 지났기 때문에 이렇게 평온하게 말할 수 있는 것이겠지만.

훗날 《까대기》란 책을 읽으며 그때의 택배기사가 떠올랐다. 《까대기》는 이종철 작가가 만화가 지망생이었던 시절 택배회사에서 상하차 아르바이트를 한 경험을 바탕으로 쓴 만화이다. 제목의 '까대기'는 택배 차량이 오면 그 안에 겹겹이 실린 물건을 컨베이어 벨트 등으로 옮기는 작업을 뜻하는 은어다. 이 책을 보면 택배기사들이 구체적으로 어떤 일을 하는지, 어떤 어려움에 처했는지, 무엇 때문에 힘들어 하는지를 알 수 있다.

택배기사들이 얼마나 과중한 노동에 시달리는지, 반면에 그에 대한 보상은 얼마나 터무니없이 적은지, 그로 인해 하겠다는 사람이 얼마나 적은지, 일단 하기 시작하면 그만두기가 얼마나 어려운지, 이런 사정을 소상하게 알게 된다. 오래전 어느 편의점주가 아르바이트 직원을 구할 수 없어 부모인지 자식의 상중에도 가게를 열었다는 이야기를 들은 적이 있었는데(편의점의 경우 계약 조건에 문을 닫으면 벌금을 내야 하는 조항이 있(었)다고 한다) 택배기사들 역시 크게 다르지 않았다. 정해진 시간 안에 택배를 배달해야만 하고, 그렇지 못할 경우 벌점이 매겨지고, 벌점이 누적되면 보상이 깎이는 방식이었다.

켄 로치 감독의 영화 〈미안해요, 리키〉에도 택배기사들의 이러한 사정이 자세히 등장한다. 주인공인 리키는 친구의 소개로 택배일을 시작하고, 열심히만 하면 일한 만큼 받아갈 수 있다는, '자영업자'이므로 자유롭다는 최초의 설명과 다르게, 택배 회사의 규칙을 맞추기 위하여, 고객과의 시간 약속을 지키기 위하여 밤낮으로 눈코 뜰새 없이 일한다. 화장실을 갈 여유조차 없어 차에서 페트병에 용변을 해결하고, 퇴학 위기에 놓인 아들의 학교 상담에도 가지 못한다. 폭력배들에게 강도를 당해 심각한 부상을 입은 다음날에도 아픈 몸으로 출근한다. 그 과정에서 처음에는 고객에게 "무거운데 안쪽까지 옮겨드릴까요?"라며 친절한 질문을 건네던 리키는 훗날 배달을 지연시키는 고객의 멱살을 서슴없이 잡을 정도로 변모한 모습을 보인다.

그 이후로 택배기사들을 보면 괜스레 미안해지곤 했다. 이사를 했기에 나에게 성질을 냈던 ○○택배의 기사는 더 이상 볼 일이 없었지만, 자주 얼굴을 보며 안면을 익힌 기사들을 보면 안쓰럽고 미안하며 죄스러운 마음이 들곤 했다. 우리집은 엘리베이터가 있지만, 어쨌든 물이나 쌀 같은 무거운 용품을 주문하면 차에서 싣고 내리는 것도 큰일일 테니.

탄산수를 여러 박스 주문한 날은 너무 미안해서 기사에게 많이 주문해서 죄송하단 말을 하기도 했다. 그러자 그는 말했다.

"죄송하긴요. 많이 시키실수록 저는 돈 벌고 좋아요." 그 말에 왠지 안심이 되었다. 이후로 종종 안부인사를 주고받게 된 뒤 그와 좀 친해졌다고 생각한 나는 어느 날인가 그에게 웃으며 "내일 투표날인데 투표하실 거죠?" 하고 물었고 그는 대답했다. "못해요. 일해야죠."

나는 당혹스러웠다. 그리고 다시금 깨달았다. 내가 사는 세상과 그가 사는 세상이 같지 않다는 것을. 돈을 번다는 것과 '살 만하다'는 것의 의미가 꼭 같지는 않다는 것을. 하루 종일 노동을 해서 돈을 벌 수는 있지만, 그 삶이 반드시 인간답다고 할 수는 없다는 사실을.

그 이후로 택배 주문을 할 때 내 마음은 몹시 복잡하다. 택배를 아예 이용하지 않으면 그들의 직업이 없어질 것이고, 너무 많이 시키면 그들은 과로로 고통받을 것이다. 본사와 일대일로 맺는 계약은 얼핏 본인의 능력대로, 그러니까 일하는 만큼 돈을 벌어갈 수 있는 자유로운 구조처럼 보인다. 그러나 동시에 그것은 분실 혹은 파손되는 상품, 늦어지는 배달, 고객의 갑질이나 진상, 밤늦도록 이어지는 독촉 문자와 전화, 위험한 골목길 운전과 분류 작업에 들어가는 엄청난 시간까지 모두 기사의 몫이 된다는 의미이기도 하다.

힘겨운 노동 현실을 아는 것은 최소한의 의무

어떤 이들은 택배기사가 물건을 현관 앞에 덜렁 놓기만 하고 간다고, 택배기사라고 모두 어렵고 힘들게 살지 않는다고, 능력 좋은 이들은 한 달에 500~700만 원도 번다며, 초인종 한 번 누를 시간 없이 일하는 이들은 아마 자기보다 더 잘 벌지도 모르겠는데 왜 자기가 그들을 이해해줘야 하는지 모르겠다는 불만을 말하기도 하던데, 아침부터 밤까지 막노동을 한 대가로 버는 500~700만 원이 많은 돈인지 나는 사실 잘 모르겠다.

새벽 2시까지 남들 쉬는 날 쉬지도 못하고 일한 대가로 받는 돈 500~700만원이 과연 많은 것일까? 그렇게 좋은 직업이라면 택배 일을 하려는 사람은 왜 이렇게 적을까? 남들이 하기 싫어하는 일을 하고 있는 사람들이라면 사정이 얼마나 절박한 것일까? 그들은 그 이전에 무슨 일을 했을까? 나는 아무것도 모른다. 방구석에 앉아 글이나 쓰는 나는 육체노동에 대해 아무것도 아는 바가 없다.

물론 이렇게 구구절절 긴 글을 적고 있는 나 역시 그다지 윤리적인 인간은 못 된다. 나는 나 하나 편하자고 플라스틱을 사용하는 사람이고, 편의를 위해 택배를 이용하는 사람이며, 먹고 싶으면 공장식 축산으로 생산한 동물을 먹는 사람이다. 마트에서는 동물복지란이나 동물복지우유 대신 그냥 저렴한 것을 산다. 그러므로 앞으로도 나의 편의를 위해 끊임없이 택배를 이용할 것이다.

사실 아이들 때문에 거동이 자유스럽지 않은 나의 생활은 거의 택배로 돌아간다. 새벽 배송이나 당일 배송으로 인해 나의 삶은 많이 나아졌다. 덕분에 아이 이유식도 내가 힘들여 만들지 않고 매일 아침 전문가가 위생적으로 만든 것을 신선한 상태에서 먹일 수 있었다. 택배로 장도 보고 옷도 사고 안 입는 옷은 팔기도 하고 책도 사 보고 그 책을 읽고 쓴 글로 돈도 번다. 고로 택배비가 저렴하면 기쁘고 비싸면 슬프다. 택배가 존재하는 한 앞으로도 지금처럼 택배 서비스를 계속 이용할 것이다.

다만, 어쨌든 택배를 이용하는 과정에서 최소한의 미안한 마음과 죄책감, 그 이면에 누가 어떤 방식으로 고통받는지에 대해서는 인지하고 있으려고 한다. 내가 받는 택배가 어떤 과정을 거쳐 어떻게 전달이 되는지, 이 과정에서 이들에게 얼마가 돌아가는지를 알고 있으려고 한다. 간혹 택배기사의 과로에 대해 전달하는 기사 밑에는 이런 댓글이 달린다. '죄책감' 마케팅을 하지 말라고. 어차피 그들 또한 정당한 임금을 받고 일하는 것이고, 판매자가 있으므로 수요자도 있는 것이라며, 우리는 그들의 일자리를 마련해주고 있는 것이란 이야기가 줄줄이 이어진다. 그러나 일하는 과정에서 그들이 얼마나 과로하는지 알게 되면서 내가 갖게 되는 죄책감과 그로 인한 불편함은, 실제로 그렇게 일하는 이들이 겪는 고통이나 괴로움에 비하면 아무것도 아니라고 생각한다. 그것은 먹고 싶은 것을 먹고 싶을 때 먹을 수 있고, 남들 쉴 때 쉬는, 힘들다고는 해도 여러 의미에서 나름 먹고살 만한 내가 가져야 하는 최소한의 의무라 생각한다.

헤밍웨이는 모든 것을
알고 있었다

헤밍웨이의 단편소설 중 〈청결하고 불빛 밝은 곳〉이란 작품이 있다. 이 작품에는 늦은 밤 아무도 없는 카페에서 홀로 술을 마시는, 지난주 자살을 시도했다가 실패했다는 노인이 등장한다. 마감시간이 지났는데도 카페를 떠나지 않는 노인을 보며 젊은 직원은 중얼거린다. "지난주에 자살해 버리지 그러셨어요." 아마도 집에서 기다리는 아내와 아기 생각으로 마음이 바쁘다 못해 분노가 치밀었으리라. 그런 그를 옆에 있던 동료가 보고 나무란다. "난 카페에 늦게까지 있고 싶어하는 사람들 중 하나야."

삶의 허무와 두려움, 거기 잠식되지 않기 위해 발버둥치는 사람들의 고뇌와 슬픔을 그려낸 이 단편은 여러모로 인상 깊은 수작이지만, 그중에서도 가장 눈길을 끄는 대목은 다름아닌 소설의 마지막 장면이다. 젊은 직원을 먼저 보내고 홀로 가게를 마감한 나이 든 웨이터는 그대로 집으로 향하지 않고 여기저기 다른 술집을 기웃거리다가 마지못해 돌아가 잠을 청한다. 침대에 누워 있는 그의 모습을 비추는 것으로 소설은 끝을 맺는데 마지막 문장은 이러하다. "결국 불면증일 뿐이야, 많은 사람들이 그것에 시달리고 있지, 하고 그는 중얼거렸다."

허무와 불면증 사이

예전에는 별생각 없이 넘겼던 이 장면이 얼마 전 매슈 워커의 책을 읽은 뒤로 달리 보이기 시작했다. 세계적인 신경 과학자이자 수면 전문가인 매슈 워커는 선진국 성인 중 3분의 2가 하룻밤 권장 수면 시간인 8시간을 제대로 채우지 못한다면서, 충분한 수면을 취하지 않으면 '피로한 다음날'이라는 단편적인 결과로 끝나고 마는 것이 아니라 인생 전체가 흔들릴 수도 있음을 강조했다. 《우리는 왜 잠을 자야 할까》는 워커가 잠과 건강 사이의 상관관계에 대해 500여 페이지에 걸쳐 풀어낸 책이다.

워커는 각종 실험과 연구에서 얻은 데이터를 바탕으로 잠이 단순한 휴식이 아니라 신체와 정신의 건강을 유지하고 보호하는 총체적 활동임을 증명한다. 잠은 면역계를 조절하여 우리 몸을 질병으로부터 실질적으로 보호하며, 뇌세포를 관리하는 활동을 통해 기억력에 총체적인 영향을 미치기도 한다. 상상력과 창의력 등 뇌에서 일어나는 각종 창조적 활동이 모두 양질의 수면을 밑거름으로 삼고 있다. 그렇기에 잠을 제대로 자지 않으면 뇌의 시스템이 조금씩 손상을 입게 되는데, 불행히도 한번 손상된 뇌는 이후의 수면으로 결코 복구할 수 없다고 한다. "평일에는 비록 무리하지만 주말에 몰아서 자니까 괜찮다"는 명제가 성립하지 않는 이유이다.

워커는 현대인이 앓는 신체적·정신적 질병의 대부분이 어쩌면 전부 잠이 부족한 데서 기인했을지 모른다고 추측한다. 실제로 잠이 부족하면 체중이 늘어나고, 당뇨의 위험이 급격히 증가하며, 부정적인 감정을 방어하는 호르몬의 수치가 가파르게 떨어진다. 결국 원인 모를 두통이나 심혈관 질환, 각종 암 등 신체적 증상을 비롯하여 그 모든 우울과 번뇌, 허무, 고통, 분노 등 정신적 문제들이 어쩌면 잠만 충분히 잤더라도 예방되었을 수도 있는 것이다.

물론 닭과 달걀 중 무엇이 먼저인지 쉽게 말할 수 없는 것처럼 잠을 자지 않아 아픈 것인지, 아파서 잠을 못 자는 것인지에 대해 아직까지 명확히 밝혀지지는 않았다. 실제로 질병을 앓아 몸이 아픈 경우 흔히 불면증이 동반되곤 하며, 우울증에 걸리면 가장 먼저 나타나는 증상 역시 불면증이기도 하다. 그러나, 적어도 분명한 사실은 수면 부족과 각종 질병 사이에는 대단히 밀접한 연관이 있다는 것이다. 그런 측면에서 허무와 두려움에 대해 이야기하다가 "결국 불면증일 뿐"이라고 끝맺은 헤밍웨이는 이미 모든 것을 알고 있었는지도 모르겠다.

새벽 배송은 생명을 파는 일

그렇다면 새벽 배송이나 야간 배송 등 수면을 취해야 마땅한 시간에 이루어지는 노동에 대해서 어떻게 바라보아야 할까? 정도의 차이는 있으나 원시시대 수렵 생활을 했던 인간의 신체는 대부분 낮에 일하고 밤에 자도록 설계되어 있다. 이런 상황에서 평상시 자고 있어야 할 시간에 일하는 것은 하루의 수면 리듬을 흐트러뜨리는 대단히 위험한 행위라고 할 수 있다. 한번 깨진 수면 리듬은 잘 회복되지 않으며 쉽게 불면증으로 이어진다. 최근 들어 택배기사와 관련해서 비극적인 소식이 연달아 들려오는데 이는 수면 부족이 야기한 필연적인 결과라고도 할 수 있다. 잠이 신체에 미치는 영향을 고려할 때 일종의 '산업재해'나 마찬가지인 것이다.

그럼에도 어떤 사람들은 이야기한다. 새벽 배송이나 야간 배송 또한 그들의 소중한 일자리라고, 새벽 배송이나 야간 배송을 제한하는 것은 그들의 소중한 '권리'를 침해하는 행위라고, 누구나 마음껏 일할 자유가 있다고 말한다. 그런 일자리를 택한 것 역시 그들의 선택이었음을 강조한다. 그러나 이는 야간 배송이나 새벽 배송에 대한 정당한 변명이 될 수 없다. 수면은 우리의 건강에 생각보다 훨씬 더 강력한 영향을 미치며, 따라서 잠을 잘 '시간'을 판매하는 것은 '건강'을 판매하는 것이나 마찬가지이다. 이는 장기적으로 볼 때 신체의 장기를 내다 파는 행위에 다름 아니다.

우리 사회는 경제적으로 궁핍하다고 하여 장기를 시장에 내다 팔 수 있도록 허가하지 않는다. 장기 매매를 제한하는 것은 인간의 존엄성과 건강을 보호하기 위한 최소한의 조치이다. 새벽 배송이나 야간 배송을 비롯하여 야간에 이루어지는 각종 노동에 대해서도 동일하게 인식의 전환이 필요하다. 야간 배송은 그저 낮 시간보다 조금 더 궂은 일 정도가 아니다. 물론 택배뿐만 아니라 병원의 응급실 혹은 소방관 등 누군가는 밤에 일할 수밖에 없는 상황이 존재한다. 다만 그런 과정에서도 충분한 수면 시간은 언제나 확보되어야 한다. 잠을 잘 시간을 줄이면서까지 일을 하는 것, 혹은 할 수밖에 없는 것은 극단적으로 말해 조금씩 자신의 '생명'을 판매하는 행위나 다름없다. 단지 '편리하다'는 이유로 이와 같은 위험한 노동을 마냥 방치하고 있을 수만은 없다. 마음껏 일할 '자유' 같은 것은 애초에 존재하지 않는다.

플랫폼, 시스템
그리고 개인

얼마 전 택시를 타자 기사가 이런 질문을 했다.

"실례지만 손님, 지금 가시는 ○○○라는 데가 대체 뭐 하는 데예요?"

"아, 카페예요. 차랑 디저트 파는."

"아하! 카페였구나!"

속이 후련하다는 듯 짧은 탄성을 내지른 그가 이어서 말한다.

"아니, 이게 콜이 들어오면 목적지 이름만 딱 뜨고 몇 키로 떨어져 있는지 뭐 하는 곳인지 안 나오거든. 정확한 위치도 손님이 탑승하고 난 다음에 떠요. 그래서 어딘지 알 수가 없어서 물어봤지."

"아, 그래요? 전 타기만 해서 전혀 몰랐어요."

내가 호응해주는 것이 좋았는지 그는 더욱 신이 나서 계속 이야기한다.

"그러니까! 얼마 전에는 갤러리아에 가자는 콜이 딱 뜬 거야! 난 당연히 여기 둔산 갤러리아인 줄 알았거든. 근데 태우고 보니 서울 압구정 갤러리아인 거예요! 대전서 서울까지 가자는 거지. 갤러리아라고만 뜨니까 당연히 둔산인 줄 알지, 누가 서울까지 간다고 생각을 하나."

"오히려 좋으셨던 거 아니에요? 요금도 많이 나오고 좋지 않아요?"

"에이, 아니에요. 한 28만 원 나왔는데, 톨비랑 기름값 빼면 어차피 거기서 거기예요. 다시 대전까지 내려오는 시간도 있고. 차 막히는 데 더 힘들면 힘들었지. 계속 손님 바꿔가면서 받는 번거로움은 없어서 좋긴 한데, 그래도 마찬가지야. 서울인 줄 미리 알았으면 아마 안 태웠을 거예요. 아니 참말로, 왜 시스템을 그렇게 만들었는지 모르겠어. 최소한 목적지까지 몇 키로 떨어져 있는지라도 알려줘야 하는 거 아닌가? 한창 퇴근시간 막힐 때 막 2키로 이렇게 뜨는 건 솔직히 요금도 그렇고 너무 비효율적이라 안 태우고 싶을 수도 있는데 거리를 딱 가려버리는 거야. 그러니까 뭐 하는 곳인지 얼마나 떨어져 있는지 알 방법이 없지."

"그런 고충이 있으시군요."

"그렇다니까요. 아무리 생각해도 시스템을 잘못 만든 것 같애! 그렇지 않아요? 누가 좀 고쳐주면 좋겠어!"

내가 카카오 직원도 아니건만 기사는 시스템에 대한 불만을 마구

토로했다. 짧은 시간 기사와 나눈 대화가 인상 깊어 그날 저녁 남편에게 이야기해 주었다. 이전까지는 몰랐는데 카카오 택시 어플을 이용하여 택시를 부르면 기사에게 목적지 이름만 보이고 상세한 내역이 안 뜨는 모양이더라고. 왜 그렇게 했는지 모르겠다고. 그러자 남편이 당연한 걸 묻느냐는 듯 답했다.

"기사 말에 딱 답이 나와 있네. 승차 거부 못하게 하려고 그런 거네. 이건 어플이 잘한 거지."

아, 그렇구나. 플랫폼을 일부러 그리 만든 것이었구나. 그제야 비로소 생각이 미쳤다. 며칠 뒤 다른 택시를 탔을 때 기사에게 물어보았다. 이번 기사는 이전과 다르게 꽤나 과묵한 타입이라 내가 먼저 말을 걸어야 했다.

"안녕하세요, 기사님. 근데 여기 카카오 표시된 택시들은 카카오에서 운영을 하는 건가요? 카카오 전용 택시인가요?"

"아, 그런 건 아니고, 카카오랑 가맹이 된 거죠."

"그렇구나. 차량 외부도 그렇고 내부까지 다 카카오 표시가 되어 있어서 전 카카오에서 택시회사를 새로 차린 줄 알았어요."

"카카오가 콜 받는 플랫폼을 만든 거예요. 그래서 각 택시회사마다 가맹을 맺고요, 그럼 회사들이 자사 차량 중에 일정한 비율을 카카오 택시로 배당을 해요. 카카오 블루로 콜이 들어오면 배당된 차량들이 자동으로 배차가 되는 거죠. 카카오 플랫폼에서 근거리 순서로 자동으로 배차를 시켜버리거든요."

"그렇구나. 몰랐던 사실이네요."

"네, 콜 호출하는 손님에게서 수수료 받고, 만약 취소하면 취소 수수료 받고, 거기에 기사에게도 수수료 받고. 수수료로 돈 버는 거죠. 사실 기사 입장에서는 수수료도 비싸고 안 하고 싶은데, 실제로 콜이 카카오로 너무 몰리니까 안 할 방법이 없는 거죠. 그래서 그냥 하는 거예요."

"수수료가 더 비싸요?"

"그죠. 게다가 규칙도 많아요. 전 사실 이 일 시작한 지 얼마 안 되었거든요. 원래 지금 손님 가시는 데가 저희 집 근처인데, 제가 거기 근처에서 음식점을 오래했어요. 그러다 안 돼서 택시 시작한 건데, 그중에서도 카카오는 더 최근에 했죠. 하여간 뭐 이것저것 많아요. 원래는 손님이랑 대화도 나누면 안 돼요."

"몰랐어요. 타다랑 비슷하네요?"

"아, 타다도 그래요? 여튼 말 시키는 거 싫어하시는 분들 많으니까 말도 시키면 안 되고, 음악 채널도 딱 정해져 있어요. 93.1인가 클래식 채널 있잖아요? 원래는 그것만 들어야 돼요. 다른 음악 들으면 손님들이 막 신고하고 그런다더라고요. 근데 전 도저히 그렇게까지는 못 하겠고, 그냥 제가 듣고 싶은 음악 조그맣게 들어요. 찾아갈 때도 기사가 아는 길이 아니라 무조건 카카오 네비 따라서 가야 돼요. 돌아간다고 항의도 있고, 이런저런 말이 나오니까 딱 정해놨더라고요."

"그렇구나. 힘드시겠어요."

"네. 게다가 분기별로 교육도 매번 들어야 돼요. 그러고 보니 저도 조만간 들어야 되네요.”

“교육이요? 어떤 걸 교육하는데요?”

“그냥, 이런 이런 거 하지 마라. 이런 이런 불만 접수되었는데 이런 행동은 하지 마라. 뭐 그런 거요.”

“교육은 누가 해줘요?”

“카카오에서 나와서 해줘요. 15만 원 내고 듣는 거예요.”

“아니, 돈을 내고 교육을 들어야 한다고요?”

“하하, 처음에 한 번만 내면 돼요.”

시스템이 노동자를 착취하는 방식

카카오로 콜을 받을 경우 주기적으로 반드시 교육을 들어야 하며, 교육비는 피고용인인 택시기사가 직접 내야 한다는 대목에서 왠지 찜찜한 마음이 들었다. 그 찜찜한 기시감의 정체에 대해 곰곰이 생각해보았다. 그것은 업종을 막론하고 시스템이 노동자를 착취하는 방식이 놀랍도록 유사하다는 데서 오는 일종의 두려움이었다.

택시기사의 이야기를 듣기 바로 직전 《길 하나 건너면 벼랑 끝》이라는 탈성매매 여성의 수기를 읽었다. 이 책은 성매매 여성이 어떤 경로로 성매매 산업에 도달하게 되는지, 왜 거기서 벗어나지 못하는지, 세간에 흔히 통용되는 '성매매는 돈 쉽게 벌려는 이들이나 하는 것'이라는 믿음과 다르게 성매매가 어째서 해도 해도 돈을 벌 수 없는 직업인지에 대해 낱낱이 고발한다. 그야말로 '온몸'을 갈아 넣어서 밤낮으로 일해봤자, 빚이 더 늘지나 않으면 다행이라는 '현실'을 보여주는 책이다.

책에 의하면 성매매 여성들에게는 온갖 세세한 규칙이 부여된다고 한다. 체중은 몇 킬로그램 대로 유지해야 하며, 살이 찌면 벌금을 내야 한다. 생리나 병환으로 일을 못하게 되어도 벌금을 내야 하고, 제대로 된 의상을 입지 않으면 또 벌금을 내야 한다. 게다가 의상이나 액세서리 등은 보통 고용주가 소개해주는 업체에서 아주 비싼 돈을 주고 구매해야 한다고 한다. 대중교통을 이용하여 출근하면 격이 떨어진다고 혼이 나기에 고용주가 소개해주는 사설 차량을 비싼 돈을 내고 이용해야 한다.

정해진 규칙을 지키지 않으면 타박을 듣고 손님을 배정받지 못하고 결과적으로는 일 자체를 할 수 없게 되는데, 그러다 보면 자연히 고정 지출이 늘어나고, 일 시작하면서 받은 선금에 대한 이자를 갚을 수 없게 되고, 그러면서 빚이 점점 불어나고, 결국은 일정한 몸값을 받고 다른 업주에게 팔려가게 되는 사이클을 반복하게 된다고 한다. 아무리 열심히 일해도 돈을 모으기 어렵고, 필연적으로 점점 더 성매매 산업에 깊이 연루될 수밖에 없는 구조였다.

물론 성매매 산업과 카카오 택시 산업이 완전히 같다는 뜻은 아니다. 그저 승객일 뿐인 나는 카카오 택시의 시스템에 대해 잘 모른다. 기사와의 짧은 대화를 통해 얻은 정보가 전부다. 다만 일을 하는 과정에서 세부적인 규칙이 일일이 정해져 있다는 점, 필요한 사항에 대한 지출을 피고용인이 지불해야 한다는 점, 그에 대한 공급을 고용주가 직접 한다는 부분, 피고용인에게는 선택권이 제한되어 있다는 부분이 놀랄 만큼 유사하게 느껴졌다.

플랫폼의 권력

그런 생각을 하고 나니 카카오 플랫폼이 이전과는 완전히 다르게 보이기 시작했다. 시스템과 플랫폼이 갖는 힘과 권력을 실감하게 되었다. 물론 이것이 꼭 나쁘기만 하지는 않을지 모른다. 실제로 그날 오후 카카오 택시를 한 번 더 탔다. 기사는 이전에 만난 다른 기사와 다르게 나에게 먼저 말을 걸었으며, 운전 내내 계속해서 말을 했고, 그러는 동안 딴생각을 했는지 길을 자주 헤맸다. 심지어 카카오 네비를 켜 둔 상태였는데도 몇 번이고 길을 지나쳐 뱅글뱅글 돌았다.

아이 스케줄 때문에 서두르고 있던 나는 그 시점에서 몹시 짜증이 나기 시작했는데, 택시 안에 크게 울려 퍼지는 트로트 음악을 듣고 있자니 더욱더 불만이 치솟았다. 나는 속으로 생각했다. '아저씨, 원래 이런 음악 들으면 안 되는 거 아니에요?' 그날 낮에까지만 해도 기사에게 카카오 택시 시스템에 대한 이야기를 듣고 자잘한 불만을 회사에 신고하는 승객들이 좀 너무하다고 생각했던 나는, 운전과 승객 응대에 서툰 기사를 직접 만나자마자 바로 생각이 돌변하여 '이러니까 카카오가 그런 시스템을 만들었지!' 하는 데 생각이 이르게 되었다. 그리고 그런 나 자신의 모습에 섬뜩해졌다.

현재도 그렇고 앞으로 우리가 만날 세상도 그렇고, 세상은 점점 누가 더 훌륭하고 편리한 플랫폼을 만드는가에 따라 좌우될 것이다. 사실 이런 현상은 소비자 입장에서는 전혀 나쁠 것이 없다. 플랫폼은 노동자들에게서 극강의 효율을 이끌어내도록 설계되어 있고, 이를 통해 소비자는 적은 비용으로도 최고의 만족을 얻게 되기 때문이다.

실제로 타다 시스템이 도입되고 난 뒤 그간 택시를 이용할 때마다 얼마나 큰 불편을 겪었는지, 타다가 생겨서 얼마나 좋았는지 말하는 여성이 무척 많았다는 것을 생각해보면 분명하다. 카카오 택시 관련해서도 많은 여성들이 환영하는 모습을 보였다. 택시뿐만 아니라 배달 음식도 그렇고, 인터넷 쇼핑몰도 그렇다.

이처럼 플랫폼 시스템은 소비자에게는 분명 최고의 만족을 선사한다. 하지만 언제나 소비자이기만 한 사람은 없다. 우리 모두는 소비자이기도 하지만 한편으로는 노동자일 수밖에 없기도 하다. 그렇기에 소비자로서의 나는 이런 시스템을 몹시 반기지만, 노동자로서의 나를 생각하면 이런 시스템이 섬뜩할 수밖에 없는 것이다.

외면할 수 없는
지금 여기의 막장

《위건 부두로 가는 길》은 조지 오웰이 진보단체로부터 잉글랜드 노동자들의 실상을 알려달라는 요청을 받고 쓴 르포르타주이다. 오웰은 두 달간 북부 산업 지대의 탄광촌부터 공장 인근의 슬럼가를 누비며 산업재해, 주거, 실업과 같은 사회 문제에 대해 낱낱이 조사했다. 읽다 보면 눈앞에 그려질 정도로 생생한 묘사에 감탄하게 되는 한편, 1930년대 영국의 상황과 2020년 대한민국의 현실이 크게 다르지 않다는 사실에 다소간 놀라게 된다. 인류는 늘 비슷한 문제를 두고 비슷한 형태로 갈등을 겪어왔던 것이다.

　이 빼어난 책에서 유난히 인상 깊은 부분은 막장 체험에 대해 쓴 글이다. 막장은 오늘날 현실성이 떨어지고 비상식적인 전개를 보이는 드라마나 소설의 수식어로 자주 사용되고는 하나, 본래 탄광의 갱도 끝에 있는 채굴 작업장을 의미한다. 오웰은 막장에 대해 "보통 사람이 지옥에 있으리라 상상할 만한 게 대부분 있다"고 서술한다. 빈곤 계층의 실태를 직접 목격한 오웰이 책에서 이 정도로 강한 표현을 사용한 것은 막장이 유일하다.

도대체 막장 노동은 얼마나 고되길래 지옥에 비견되는 것일까. 오웰의 취재에 따르면 막장에 도달하기 위해서는 우선 1.5킬로미터에서 8킬로미터에 달하는 갱도를 통과해야 한다. 그런데 이때 갱도의 높이가 보통 1미터 남짓이다. 자연히 허리를 굽히거나 기다시피 해야만 지나갈 수 있는데 광부들은 이 과정을 '여행'이라고 부른다. 오웰의 경우 1.5킬로미터를 '여행' 하는 데 한 시간, 돌아올 때는 그 이상이 걸렸는데, 별도로 작업을 하지 않았음에도 다음날 다리를 움직이기 어려울 정도의 강력한 통증을 얻었다고 한다. 광부들은 실제 노동이 아닌, 출퇴근하는 데만도 매일같이 이처럼 고된 과정을 견디고 있었던 것이다.

보이지 않는 노동환경은 더 열악하다

막장에 도달한 이후 정식 근무시간 역시 결코 녹록치 않다. 광부들은 휴식 시간 없이 문자 그대로 멈추지 않고 일곱 시간 반을 일한다. 쉬는 시간은 가져온 도시락을 먹는 15분가량이 전부다. 전신이 시커멓게 변한 채 몸에 들어온 석탄 가루 때문에 가래침을 내뱉으며 갈증에 시달리다 다시 출근 때처럼 '여행'을 거쳐 갱도의 입구로 돌아간다고 한다. 거기서 공중전화 박스를 2~3개쯤 붙여놓은 듯한 길쭉한 승강기를 타고 도르래를 이용하여 지상으로 올라가는데 이 승강기가 다시 관건이다. 안전 설비 따윈 부재하고, 자연히 사고가 빈번히 일어난다. 그리고 사고의 끝은 예상 가능하다시피 죽음.

그러므로 막장 작업이란 지옥과도 같은 육체적 고통에 더해 죽음의 공포를 견뎌내는 사람만이 할 수 있는 일인 것이다. 오웰은 자신은 육체노동자가 아니지만 그럼에도 청소부나 정원사 혹은 농부 등의 일은 어떻게든 할 수 있을지 모른다고, 그러나 아무리 애를 쓰고 훈련을 받아도 광부만은 될 수 없을 것이라고, 그랬다간 몇 주 만에 죽어버리고 말 것이라고 말한다. 당시 키가 180센티미터가 넘는 건장한 성인 남성이었던 오웰이 그리 말할 만큼 광부의 일은 엄청난 고통을 동반하는 열악한 노동이었던 것이다.

놀라운 사실은 이처럼 열악하기 짝이 없는 광부들의 작업 환경이 이전 대비 나아졌다는 점이다. 오웰이 취재를 나갔던 당시에서 불과 얼마 전까지만 하더라도 젊은 여성들이 허리에는 띠를, 두 다리는 사슬로 이은 채 팔다리로 기어 광차를 끌었으며, 심지어는 임신한 상태로도 그러한 작업을 했다고 한다. 건장한 성인 남성도 몇 주 만에 죽어버릴지 모른다고 느낄 정도로 힘겨운 노동을 임신한 여성들이 했었다니. '지옥'이 그나마 나아진 것이라니. 아무리 인권이 열악했다고 하더라도 그런 일이 가능했던 시대 상황에 경악하게 되는데, 이에 대해 오웰은 말한다. 사실 광부들의 작업환경은 열악할 수밖에 없다고. 왜냐하면 그들의 노동은 보이지 않기 때문에. 우리 눈에 띄지 않는 지하에서 일어나기 때문에. 밖에서는 그들이 어떻게 일하는지 모르기 때문에. 오웰은 서술한다.

> 나는 심지어 지금도 만일 임신한 여자들이 땅속을 기어다니지 않으면 석탄을 얻을 수 없다고 한다면, 우리가 석탄 없이 살기보다는 그들에게 그런 일을 시키리라 생각한다. 어떤 육체노동이든 다 그렇다. 그것 덕분에 살면서도 우리는 그것의 존재를 망각한다. 아마도 광부는 다른 누구보다 육체노동자의 전형일 것이다. 그것은 광부의 일이 더없이 끔찍하기 때문이기도 하거니와, 너무나 필요함에도 우리의 경험과는 워낙 멀리 떨어져 있어 실제로 보이지도 않고 그래서 우리가 혈관에 피가 흐르는 것을 잊듯 망각할 수 있기 때문이기도 하다.(49쪽)

그 죽음을 보이게 하려면

생각해보니 그러하다. 보통 사람이라면 눈앞에서 실제로 고통을 겪는 사람을 두고만 보지는 않을 것이다. 아무리 냉정한 이라도 절벽에 매달린 사람이나 달려오는 차 앞에 무방비하게 노출된 어린이를 그대로 지켜보고 있지만은 못할 것이다. 그러나 인간이 이타심을 발휘할 수 있는 것은 어디까지나 그런 상황이 눈에 보일 때뿐이다. 그러므로 우리는 무감할 수 있는 것이다. 고장난 지하철 안전문을 수리하다 달려오는 열차에 몸이 산산이 분해된 청년에 대해, 컨베이어벨트에 끼어 그대로 숨이 멎은 사람에 대해, 공장의 오염물질에 노출되어 목숨을 잃은 사람에 대해. 비록 사고는 안타깝지만 당장 내 눈앞에서 벌어지는 일이 아니므로.

기업들 역시 마찬가지다. 아무리 안전을 강화해야 한다고 외친들 현장에서 일하는 이들이 노동을 하며 겪는 고통이나 위험이 바깥까지 전달되기는 어려운 일이다. 사람에게도 전달되기 어려운 상황이 하나의 거대한 시스템이라 할 수 있는 기업에게 제대로 보일 리 없다. 그러므로 그토록 많은 이들이 산재를 줄여야 한다고, 안전을 강화해야 한다고, 노동자를 살려야 한다고 거듭해서 외침에도 수많은 기업이 위험한 작업 환경을 그대로 방치하고 있는 것이다. 노동자들이 죽게끔 내버려두고 있는 것이다.

지난해 상반기에만도 1101명이 일하다 죽었다. 2019년 대비 줄어들기는커녕 대폭 늘어난 숫자다. 언제나 그렇듯이 인간의 의지나 마음은 한계가 있다. 당장 눈앞에 보이지 않는 것에는 무감하기 마련이며, 설사 머리로는 안다고 할지라도 언제나 더 편하고 쉬운 방향으로 흘러가 버린다. 이러한 상황에서 보이지 않는 것을 보이게 하는 것은 오로지 명시적인 법률로만 가능할 것이다. 아무리 애를 써도 보이지 않는 노동자들을 희미하게나마 눈에 띄게 하려면, 그들의 죽음을 막으려면, 노동자의 죽음에 대해 기업에게 더 강한 책임을 물어야만 한다. 지금 당장 '제대로 된' 중대재해기업처벌법을 제정해야 하는 이유이다.

삶이 지옥이 될 때

김용키의 웹툰 〈타인은 지옥이다〉는 고시원을 배경으로 한 공포 스릴러물이다. 취직을 위해 상경한 주인공이 연이어 이상한 일을 겪다가 점차 심신이 피폐해지는 과정을 그려냈다. 독특한 소재와 탄탄한 심리 묘사로 웹툰으로 연재되던 시절 많은 사랑을 받았으며 인기에 힘입어 드라마로도 제작되었다. 그런데 내게 이 작품은 고시원이라는 특이한 소재에서 출발한 재미있는 만화라는 차원을 넘어 현 사회의 주거 문제에 대한 진지한 은유로 읽힌다.

작품에서 형편이 넉넉지 않은 주인공 종우는 서울에서의 첫 보금자리로 고시원을 택하는데, 입소 첫날부터 뭔가 좋지 않은 느낌을 받는다. 전반적으로 형편없는 건물 상태는 그렇다치고 밤마다 들려오는 이상한 소리를 비롯하여 조직폭력배로 의심되는 우락부락한 아저씨, 음침한 눈길로 수상한 행동을 일삼는 옆방 거주민, 게다가 자신만 보면 기분 나쁜 미소를 흘리는 주인 아주머니까지. 좋은 일이라곤 단 하나도 생길 것 같지 않은 주거환경에도 불구하고 종우는 "조금만 더 참자. 조금만 더"를 끊임없이 되뇌며 도무지 벗어날 생각을 하지 못한다.

지켜보는 독자 입장에서는 이야기가 진행될수록 당장 거기서 나와야지 대체 뭘 하고 있는 거야! 라는 안타까운 비명을 절로 지르게 된다. 그러나 막연히 기분 나쁘던 요소들이 실질적인 위협이 되어 나타날 때까지도 종우는 고시원을 떠나지 못하는데, 그렇다고 그런 그를 답답하다고 마냥 비난할 수만은 없는 형편이다. 왜냐하면 종우가 들어간 고시원은 그 모든 악조건을 감안할 만큼 시세 대비 월세가 저렴했기 때문이다. 부모의 도움도 받을 수 없고 모아둔 돈도 없는 종우에게는 다른 대안이 없었던 것이다.

빈곤층의 숙소가 된 고시원

마치 수도승들이 수행하듯, 한때 고시생들이 공부에 전념하기 위하여 '일부러' 택하던 특수시설 고시원은 빈곤계층의 숙소로 변모한 지 오래다. 5년마다 행해지는 통계청의 인구주택총조사에 의하면 '주택 이외의 거처'에 거주하는 이들이 2005년 5만 가구에서 2010년 13만 가구, 2015년 39만 가구로 매우 빠른 속도로 증가했다. 그로부터 5년이 지난 2020년의 결과는 아직 나오지 않았으나 역시나 대폭 상승했을 것으로 짐작된다. 《착취도시, 서울》은 이러한 상황에서 한국일보의 이혜미 기자가 쪽방촌과 원룸, 고시원 등을 두루 돌며 한국의 주거 실태를 집중 취재한 르포르타주이다.

공부에 몰두해야 하는 고시생들 대신 빈자들이 고시원으로 향하게 된 계기는 무엇일까? 말할 것도 없이 경제적 문제 때문이다. 집값은 매해 상승하고, 안정된 주거 기반을 갖추지 못한 사람들은 점차 가장자리로 밀려난다. 수도권에서 지방으로, 도시 중심부에서 외곽으로, 자가, 전세, 월세의 코스를 거쳐, 아파트, 빌라, 연립주택, 단칸방의 경로를 거쳐, 이젠 차마 집이라고 하기도 어려운, 정식 주거시설로 인정받지도 못하는 고시원과 쪽방 및 기존의 원룸을 두 칸 세 칸으로 쪼갠 '신쪽방'으로까지 내몰린다.

물론 모두가 강남 아파트에서 살 수는 없다. 만인이 동등하게 행복할 수 있다는 유토피아는 환상이다. 자본주의 사회에서 삶은 경제적 상황에 따라 차등이 생길 수밖에 없으며 주거시설 역시 예외는 아니다. 고시원이나 쪽방 또한 그마저도 없는 이들에게는 제 몸 하나 누일 수 있는 선망의 공간인 동시에 어떤 사람들에게는 더 나은 시설로 이동하기 전의 임시방편이 될 수도 있다. 고시원이나 쪽방촌을 무조건 제한하거나 철거하자는 주장이 현실성이 떨어지는 이유다. 문제는 글을 열며 언급한 웹툰 속 종우의 경우와 같이, 고시원이나 쪽방 등 '주택 이외의 거처'에 거주하는 이들의 환경이 생존에 필요한 최소한의 요건조차 갖추지 못한 경우가 많다는 사실이다. 그곳은 소화기 등 가장 기본적인 안전 시설조차 부재인 경우가 허다하다. 창문의 유무만으로 또 한 차례 계급이 나뉘는 세계에서 안전에 대한 소망은 그저 사치일 뿐이다.

비싼 쪽방의 월세는 부유층의 주머니로

더군다나 쪽방은 착취 구조를 강화하는 역할을 하기도 한다. 쪽방의 평균 월세는 약 30만 원가량으로 아파트와 비교하면 터무니없이 비싼 금액이다. 우리나라에서 가장 비싸다는 강남의 34평 아파트 월세가 300만 원인 것을 생각하면 빗물이 새고, 벌레가 나오고, 벽지 대신 신문지가 발린, 화장실과 주방도 갖추지 못한 1.5평 쪽방의 월세가 얼마나 비싸게 책정되어 있는지를 알 수 있다. 고시원이나 일명 '신쪽방' 역시 마찬가지로 시설이나 면적 대비 절대로 '싸지 않다'.

이곳 거주민들은 열악한 시설로 인해 거주하는 동안 점차 건강이 악화되어 제대로 노동을 하기도 어려워지며, 그마저도 벌어들이는 돈 대부분을 월세로 소진한다. 정부가 빈곤계층에게 지급하는 주거 지원금 및 가난한 이들이 힘겹게 벌어들인 돈 대부분이 고시원과 쪽방, 신쪽방을 소유한 부유층에게로 다시 흘러 들어간다. 그러면서 빈곤을 둘러싼 일종의 '비즈니스'가 완성된다. 더 나은 삶을 위한 발판이 되어야 할 차상위계층의 주거시설이 실질적으로는 거주자를 더욱 가난하게 만들고 부유층을 배불리는 일종의 굴레가 된 상황이다.

한때 열심히 일하면 누구나 잘살 수 있다는 믿음이 통하던 시절이 있었다. 그러나 현실은 냉혹하다. 어떤 이들은 일하면 일할수록 더욱 가난해지며, 누군가는 부유하다는 이유로 계속해서 부유해진다. 계층은 나뉘더라도 계층 간의 사다리가 부실하게나마 존재하던 과거와 다르게, 오늘날에는 그 부실한 사다리마저도 거의 사라진 형편이다. 계층 간의 이동은 오직 하강만 가능할 뿐이다. 이러한 현실에서는 누구나 '종우'가 될 수 있다. 안정적이고 안전한 주거 시설 없이 타인은, 그리고 우리의 삶은 언제든 지옥이 될 수 있다.

노키즈존을 말하기 전에
생각해야 할 것

일전에 웹서핑을 하며 이런저런 글을 읽다가 한 기사에 시선이 머물렀다. 영화관에서 한 30대 남성이 열 살짜리 아이를 폭행하여 기소되었다는 내용이었다. 기사 속의 남성은 뒷좌석에 있던 아이가 옆에 앉은 아내의 좌석을 발로 찼다고 오해하여 아이의 아버지와 말다툼을 벌였고, 그 과정에서 아이 아버지와 아이의 얼굴을 수차례 가격한 혐의로 결국 징역 8개월을 선고받았다고 한다.

좌석을 걷어찼다는 것도 오해였을뿐더러, 설령 실제로 일어났다고 한들 고작 그런 이유로 사람을 치다니. 그것도 아이가 보는 앞에서 아버지를 폭행하고, 열 살 아이의 머리채를 잡고 얼굴을 주먹으로 여러 번 때리다니. 도저히 납득하기 어려운 일이었지만 세상사라는 게 내 기준만으로는 돌아가지 않는 법. 별별 일이 다 있기 마련이므로 사실 처음에 기사를 보고선 놀랐다기보다 피해를 입은 부자를 안타까워하는 마음이 더 컸다. 그런데 나를 정작 놀라게 한 것은 거기 달린 댓글이었다. 기사를 두고 사람들은 이런 이야기를 하고 있었다.

"때린 사람도 잘못을 했지만 뒤에서 의자를 발로 찼으니 이렇게 된 겁니다. 아무리 아이라도 앞에 사람이 있는데 의자를 발로 찬다거나 기대거나 하면 부모로서 말리고 절대로 하지 말라고 해야죠."

"실제로 찬 것이 아니고 오해였다고 하니까 좀 그렇지만 우리나라 애들 공중도덕 정말 문제 많은 것도 사실이다. 부모가 때려서 따끔하게 혼내야 함. 오냐오냐하니까 애들이 버릇이 없는 것이다."

아이를 때렸다는 기사에 이런 댓글이 달린다는 사실이 참담했다. 하지만 새삼스러운 반응은 아니다. 그로부터 불과 며칠 전 한 일간지에서 실시한 설문조사 결과 역시 비슷한 맥락이었다. 중앙일보는 당시 개봉한 애니메이션 〈겨울왕국 2〉와 관련하여, 상영관에서 아이들이 내는 소음 때문에 불만을 토로하는 관객들이 있다면서 '노키즈관'을 설치하는 문제에 대해 어찌 생각하느냐고 물었는데, "아이들에게 방해받지 않고 영화 볼 권리가 있다"는 대답 쪽이 78퍼센트로 압도적인 선택을 받은 것이다.

'노민폐관'은 왜 없을까

〈겨울왕국 2〉는 나 역시 우리 아이들을 데리고 극장에 가서 재미 있게 본 영화다. 전체 관람가 애니메이션인 만큼 당연히 어린이 관람객이 많았고, 아이들은 상영시간 내내 등장인물에게 깊이 공감하며 영화를 관람했다. 위기 상황에서는 비명을 지르기도 하고 즐거운 장면에서는 큰 소리로 웃음을 터뜨리기도 했다. 성인들과 비교하여 훨씬 호응이 컸던 것은 사실이지만 특별히 큰 소란은 없었다. 간혹 지루함을 참지 못하고 칭얼거리는 아이는 부모가 서둘러 데리고 나갔다. 그 밖의 자잘한 불편은 아이들과 함께 보는 영화라면 당연히 감수해야 한다고 여겼기에 기사를 읽기 전까지는 사실 저런 논란이 있는지조차 몰랐다.

그런데 메이저 일간지에서 노키즈관 논란 자체가 생기는 현상을 비판하거나 고민하기는커녕 앞장서서 이런 설문조사를 진행하고 있었던 것이다. 그로 인해 논란이 잠잠해지기는커녕 오히려 확산되는 듯한 현실이 개탄스러웠는데, 하물며 답변 결과는 그야말로 절망적이었다. 누구나 방문할 수 있는 영화관에서 특정한 누군가의 입장을 제한하자니, 하물며 아이들을 위해 만들어진 영화에서조차 입장료를 지불한 나의 '권리'를 위해 아이들을 격리해달라니.

물론 영화에 집중하고 싶은 마음을 모르는 것은 아니다. 자신의 소중한 시간을 방해하는 존재에 대해 불쾌한 감정이 생기는 것 역시 자연스러운 일일지 모른다. 그러나 생각해보면 극장 안에서 소란을 피우는 사람들은 그전에도 어디든 존재했다. 큰 소리로 결말을 떠들거나, 극중 인물의 행동 하나하나에 코멘트를 하거나, 다리를 앞좌석에 올리거나, 좌석을 발로 걷어차거나, 냄새가 심한 음식을 먹거나, 핸드폰 불빛으로 다른 사람들의 시야를 방해하는 등의 행위를 했던 사람들. 그들은 모두 성인이었다. 그럼에도 누구도 '노민폐관' 같은 것을 만들자고 이야기하지 않았다. 결국 '불편함'에 대한 불만은 유독 아동을 대상으로 하는 영화에 이르러 아이들에게만 집중적으로 향하고 있는 현실이다. 이쯤 되면 현재의 대한민국 사회에 본격적인 아동혐오가 존재한다고 해도 과언이 아닐 것이다.

이런 이야기를 하면 어떤 사람들은 아이들 자체를 혐오하는 것이 아니라 한국 아이들이 문제가 많기 때문에 그렇다는 답변을 한다. 외국 아이들은 안 그렇다면서 말이다. 외국 나가 보면 아이들이 질서도 잘 지키고 말썽도 부리지 않고 민폐도 끼치지 않는다고. 외국 부모들은 한국 부모들과 다르게 '개념'이 있어 가정교육을 엄하게 실시하고, 그래서 외국 아이들은 한국 아이들과 다르게 예의가 바르고 타인에게 불편을 끼치지 않는다고.

우리 사회 어른들의 매너 점수는?

많이는 아니지만 몇 차례 외국을 다녀온 입장에서 사실 저 이야기는 어느 정도 동의할 수 있는 주장이다. 실제로 유럽을 다니는 동안 식당 안에서 뛰어다니거나, 공공장소에서 크게 떠드는 아이들을 거의 보지 못했다. 물론 거기도 사람 사는 곳이라 투정을 부리는 모습을 몇 번 보기는 했으나 한국보다는 비교적 통제가 잘 되는 분위기였다. 한국 아이들과 한국 부모들이 유난히 문제라며 불만을 토로하는 사람들의 마음도 아예 이해를 못하는 것은 아니다.

그러나 그들이 간과하는 지점이 있는데, 유럽에서는 아이들뿐만 아니라 어른들 역시 공공질서와 매너를 훨씬 잘 지켰다는 것이다. 그들은 줄을 서야 하는 곳에서는 새치기를 하지 않고 순서를 지켰으며, 공공장소에서는 큰 소리를 내지 않았고, 사람을 앞에 두고 핸드폰만 쳐다보고 있지도 않았고, 식당이나 카페에서 집기를 훔쳐가지 않았고, 타인을 불쾌한 시선으로 바라보거나 도를 넘는 참견을 하지도 않았다. 한국과 대비하여 민폐를 끼치는 어린이가 적었던 것은 사실이지만, 민폐를 끼치는 어른 역시 훨씬 적었다.

결국 한 사회의 어린이들의 모습은 그 사회의 성숙도와 밀접한 관련이 있다. 사회의 성숙도는 강제로 배제하고 격리한다고 저절로 올라가는 것이 아니다. 말하자면 카페에 가서 아메리카노 한 잔에 물을 추가해 달라고 하여 여럿이서 나눠 먹는 사람들, 택배기사에게 아파트 주민용 엘리베이터를 이용하지 말라고 하는 사람들, 대형 할인점 푸드코트에 비치된 반찬을 대량으로 가져가는 사람들, 지하철에서 다리를 아주 넓게 벌리고 앉아 큰 소리로 유튜브 방송을 보는 사람들이 있는 사회에서는 아무리 노키즈존을 만들어봤자 민폐를 끼치고 공공질서를 어지럽히는 아이들을 교육할 수도 없을뿐더러 일상에서 겪는 불편함을 해소할 수도 없다는 이야기다.

이런 상황이니 출산율이 0명으로 수렴하는 것은 놀라운 일이 아니라고, 대한민국 전체가 노키즈존이 될 것이라고 많은 사람이 우려를 한다. 그러나 나에게 더욱 무서운 건 언젠가 지금의 아동 혐오를 경험한 어린이들이 어른이 될 것이라는 사실이다. 어린 시절부터 차별과 배제를 학습하며, 타인에게 조금의 민폐라도 끼치면 바로 격리되는 경험을 한 아이들은 자라서 어떤 어른이 될까? 그걸 생각하면 정말이지 마음이 갑갑해진다.

학교에 가고 싶은
아이들

지난해 어느 수요일의 일이다. 그날 아들은 평소와 다르게 아주 일찍 일어났다. 누가 깨우지 않았는데도 7시 반부터 일어나 토끼 눈을 하고는 엄마 아빠를 깨우고 나섰다. 왜 이렇게 일찍 일어났 냐고 하니 저절로 눈이 떠졌단다. 나 역시 전날 잠을 설쳤다. 새벽 에 거의 한 시간 단위로 깨서 시계를 확인했다. 아마 아이도 나 도, 알게 모르게 긴장이 많이 되었던 모양이다.

그날은 역사적인 첫 등교가 이루어지는 날이었다. 사상 초유 의 코로나 사태로 인해 개학이 무기한 연기되면서 첫째는 입학식 도 치르지 못한 채 초등학생이 되었다. 어언 석 달가량을 집에만 내내 머물면서 "학교는 언제 가?", "코로나는 언제 없어져?", "친구들은 언제쯤 만날 수 있어?"를 반복해서 묻던 아이 입장에서는 드디어 학교에 갈 수 있다는 사실에 적잖이 설레기도 하고 감격스럽기도 하고 그랬을 것이다.

물론 개학하는 과정이 순탄치는 않았다. 지난해 5월 초, 교육부가 13일부터 학년별로 순차적으로 개학하겠다는 지침을 발표한 지 얼마 안 되어 이태원발 확진자가 대량 속출하는 상황이 발생했던 것이다. 자연히 한 치 앞을 예상하기 힘들어졌다. 다시 한 번 개학을 연기해야 한다는 주장부터 대체 언제까지 미루기만 할 것이냐는 의견까지, 여기저기 온갖 '말'들이 넘쳐났다. 나중에는 개학을 연기해달라는 국민 청원까지 등장했을 정도였다.

우려에도 불구하고 교육부는 개학을 단 일주일씩만 연기했다. 고3이 가장 먼저 학교에 가기 시작했고, 초등학교 1학년의 개학은 한 차례 미루어졌다가 예정대로 이행되었다. 그렇게 우리집 아이 역시 학교에 가게 되었다. 그러면서 이 상황을 둘러싼 수많은 '말'들이 다시 한번 사방에서 터져나오기 시작했다.

이번에도 목소리는 다양했다. 교사들을 제일 먼저 사지로 몰아넣느냐는 반발부터 통제 불가능한 아이들 때문에 조만간 폭발적 감염이 일어날 것이라는 비관적 예언까지. 심지어는 이 모든 상황이 극성스러운 엄마들 때문이라며, 교육부 장관이 맘카페 회원이라는 루머가 틀림없다는 이야기도 있었다. 누구를 위한 개학인지 모르겠다는 아우성이 가득했다.

이 모든 '말'들을 바라보는 내 마음은 착잡하기 그지없었는데, 왜냐하면 논의나 불만 대부분이 애초에 가장 중요한 대상을 제외한 채로 이야기되고 있었기 때문이다. 그렇다. 바로 아이들 말이다. 대부분 바이러스의 확산에 대해서만 걱정하고 있을 뿐, 아이들이 무슨 생각을 하는지, 어떤 것을 원하는지, 아이들에게 지금 무엇이 가장 필요한지를 생각하는 의견은 거의 없었다.

많은 이들이 학교를 양육기관 또는 학습기관으로만 생각한다. 그러나 사실 학교에는 부모가 일하는 시간에 아이를 맡아 지도하고 지식을 전수해주는 것 이상으로 중요한 기능이 있다. 바로 아이들의 '사회생활'이다.

아이들은 학교에서 또래집단을 통해 최초의 사회생활을 배운다. 친구와 어울리고 놀며 관계를 맺는 법, 타인을 대하는 적절한 방법을 익힌다. 이 시기 학교는 아이들이 맺는 인간관계의 거의 전부라고 할 수 있다. 학교에 가지 않는 상황이 지속된다면 아이들로서는 가족을 제외한 대부분의 사람들과의 인간관계가 끊어지는 것이나 다름없다는 뜻이다.

아무도 만나지 않고 석 달간 집 안에만 갇혀 있는 삶, 얼핏 생각해도 얼마나 힘들지 짐작이 갈 것이다. 2주가량의 자가격리 기간을 참지 못하고 돌아다니다 붙잡힌 사람이 얼마나 많았는지를 떠올려보자. 성인에게도 힘든 일인데 성인보다 자제력과 이해심이 부족한 아이들이라면 사회적 단절에서 오는 좌절감과 스트레스가 어마어마하게 클 것이다. 특히나 학대 가정이나 방임 가정의 아이들에게는 그보다 더한 위기가 없다. 당시 교육부나 정부 역시 이러한 모든 정황을 고려해서 더 이상은 미루기 어렵다고 판단하지 않았나 싶다.

이에 대해 코로나 바이러스 사망자가 세계적으로 몇십만 명이 되는 상황에서 모든 것을 일일이 챙길 수는 없다는 의견이 많이 나왔다. 모두가 힘든 시기를 보내는 와중에 아이들의 사회생활과 정서처럼 '덜 중요한' 문제까지는 신경 쓸 여력이 없다면서 말이다.

다만 나의 의문은, 왜 가장 마지막까지 견디고 참는 대상은 늘 가장 약한 사람들인가 하는 점이다. 코로나 이전의 생활로 돌아가기 전까지는 계속 지금과 같은 상황이 지속될 텐데, 그럼 그때까지 단지 아이들만이 현재의 생활을 기약 없이 지속해야 하느냐는 것이다. 사회의 대부분이 '정상적으로' 돌아가는 상황에서, 오직 아이들이 생활하는 학교만 최후의 보루로 남아야 하는 이유는 무엇이냐는 말이다.

이런 의문을 품으면 사람들은 이야기할 것이다. 아이들은 통제하기가 어렵기 때문이라고. 학교와 같은 집단생활 공간이라면 감염이 엄청난 속도로 확산될 것이라고. 사실은 나 역시 개학을 앞두고 아이를 이대로 학교에 보내도 되는 것인지 상당히 심난했다. 이 모든 상황이 엄마들 때문이라며 애꿎은 맘카페 탓을 하는 모습도 보이지만 사실은 당시 맘카페 안에서도 아이들을 그대로 데리고 있고 싶다는 의견이 훨씬 더 많았다.

그러나 실제로 개학을 해본 결과 아이들은 너무나 의연한 모습을 보여주었다. 아들을 비롯하여 같은 학교 아이들의 경우, 여덟 살에서 열세 살에 불과한 아이들이 하루 종일 학교에서 마스크를 착용하며 서로 간의 거리를 지켰다. 학교가 열린 이후로 일년여의 시간이 흘렀지만 전국적으로 학교발 집단 감염은 거의 없었다. 어른들 중 공공장소에서 마스크를 착용하지 않는 사람이 상당하고, 술집이며 음식점이며 매일 사람들이 넘쳐나는 요즘과 같은 때에 말이다. 과연 통제가 되지 않는 사람이 누구인지, 통제가 필요한 집단이 진정 아이들뿐인지 되묻고 싶다.

다시 아이가 개학한 첫날로 돌아가서, 아이들이 하교할 시간에 맞추어 학교 앞에서 서성이고 있는데 멀찍이서 가방을 메고 신발주머니를 든 아이의 모습이 보였다. 가까이 다가온 아이의 얼굴은 예상과는 다르게 아주 밝았다. 비록 몇 시간에 불과하지만 생전 처음 겪는 낯선 상황에 긴장되고 불편한 하루를 보냈으리라 생각했는데 뜻밖에도 몹시 즐겁고 흥분된 표정이었다.

아이는 학교가 너무나 좋았다고 말했다. 선생님을 만난 것도 좋았고, 친구들과 함께 같은 공간에 있는 것도 재미있었다고 했다. 비록 모두가 따로 떨어져 앉고, 밥도 같이 먹을 수 없는 상황이기에 친구는 사귈 수 없었지만, 어쨌든 집에 있는 것보다는 즐겁고 기쁜 하루를 보냈다고 이야기했다.

백신 접종이 시작되면서 코로나 바이러스가 세계적으로 주춤한 형편이지만, 언제 어느 때고 새로운 재해가 등장할지 모른다.

간신히 문을 연 학교 역시 언제 다시 닫힐지 모른다. 아이는 다시 한번 집에서 고립된 생활을 하게 될지도 모른다. 그러나 비록 그와 같은 상황이 닥치더라도 늘 당사자들의 마음을 잊지 않는 사회가 되었으면 한다. 물류센터에서 집단 감염이 일어나면 그들을 바이러스 취급하기 이전에 그렇게 열악한 환경에서 일을 할 수밖에 없었던 이들의 절박한 사정을 먼저 고려하는 사회, 학교 개학을 앞두고 바이러스 확산을 걱정하기에 앞서 석 달간 인간관계가 단절되었던, 누구보다도 친구가 그리웠던 아이들의 사정을 먼저 헤아리는 그런 사회 말이다.

살아남은 아이들을
지켜주세요

몇 년 전 인터넷에서 이런 게시물을 본 적이 있다. 집에 회초리 있으시냐고, 아이에게 체벌을 해야 할 것 같아 고민이 된다고 누군가 질문한 것이다. 그 밑에는 아이를 왜 때리냐고, 체벌하지 않고도 충분히 지도할 수 있다는 답변도 있었지만, 동시에 아이가 나쁜 행동을 하면 때려서라도 가르쳐야 한다는 댓글이 줄줄이 달리기도 했다. 개중에는 체벌은 육아에 절대적으로 필요하다며, 아이를 때리는 것은 부모도 같이 고통을 느끼는 행위라는 기상천외한 대답도 있었다.

　원영이 사건, 이서현 사건 등 아동이 문자 그대로 양육자에게

'맞아 죽은' 사건이 해마다 일어난다. 보육시설에서 학대당하는 아이들의 이야기 역시 하루가 멀다 하고 들려온다. 사건이 터질 때마다 사람들은 분노하고, 가해자를 비난하고, 정의감에 불타오른다. 청와대에 청원을 넣고, 가해자를 잡아다 똑같이 때려줘야 한다는 말을 서슴지 않는다. 그런 이들이 한편으로는 아이의 행동을 교정하기 위해서는 당연히 매를 들어야 한다고 말하기도 한다. '맘충' 등의 용어를 비판하거나, 아이를 키우기에 어려운 환경을 지적하는 기사에는 어김없이 맥락과 상관없는 댓글이 달린다. "그러게 누가 낳으래? 자기 자식이면 알아서 해결해야지. 남에게 민폐 끼치지 말고."

폐쇄적인 한국 가족구조의 문제

《아동학대에 관한 뒤늦은 기록》은 한겨레신문 탐사기획팀이 학대로 사망한 아이들의 실태를 조사한 책이다. 이들은 각종 자료를 모으고 분석해 아동학대의 현주소를 살피고, 알려지지 않았던 아동학대 사건의 진실을 추적해 나간다. 본질적인 문제점과 이러한 비극이 쉽사리 개선되지 않는 이유를 철저한 조사를 통해 꼼꼼히 조망한다. 한국은 OECD 국가 중 학대로 사망하는 아이 관련 거의 최고 순위를 달리고 있다. 세계에서 가장 많은 아이가 맞아 죽는 나라. 이것이 코로나 시대를 겪으며 새롭게 부상한 자랑스러운 선진국의 또 다른 얼굴이다. 그렇다면 한국 부모들은 왜 그럴까? 한국인들이 유난히 잔인한 유전자를 타고나는 것일까? 당연히 그렇지는 않을 것이다.

책에서 제시하는 원인은 크게 두 가지로 귀결된다. 한국의 폐쇄적이며 '전형적인' 가족 구조, 사회 시스템의 부재가 그것이다. 한국의 가족 제도는 여성과 남성의 '정상적인' 결합만이 인정되며, 그 안에서 일어나는 일이라면 가족 구성원에게 권리와 책임이 오롯이 부가된다. 수직적이고 폐쇄적인 구조로 인해 구성원 입장에서는 쉽사리 벗어날 수가 없다. 아이를 살해하여 감옥에 수감된 양육자가 여전히 살아남은 다른 아이에 대한 친권을 유지하며, 아이를 살해하고 자살한 부모의 이야기가 '일가족 동반자살'이라는 타이틀로 보도되는 현실이다.

많은 사람이 아동학대는 일반적으로 계모, 계부 가정에서 일어난다고 믿지만 실제로는 80퍼센트 이상이 친부모를 통해서 이루어진다. 어린이집 등의 보육기관에서 일어나는 학대는 전체의 4퍼센트에 불과하다. 그럼에도 불구하고 사회나 언론은 늘 계부나 계모를 강조하거나 보육교사의 사건만을 크게 다룬다. '나와는 상관없는 일', '내가 마음 놓고 손가락질할 대상'이기 위하여 학대 가해자는 계부모 또는 보육교사로 자연스럽게 집중되는 것이다. 얼마 전 논란이 되었던 16개월 아동 살해 사건의 양육자 역시 평소 다른 아동학대 사건에는 몹시 분노하는 모습을 보였다고 한다.

아동학대는 제대로 신고조차 되지 않는 경우가 다반사다. 보육기관이나 병원에서는 일이 시끄러워질까 봐 알고도 묵인하는 경우가 많으며, 설사 신고가 들어가더라도 부모가 아이를 훈육하는 과정에서 생긴 자연스러운 일로 치부하고 일단락하는 경우도 많다. 실제로 체벌을 부모의 권리이자 일종의 '의무'로 생각하고 살아온 세월이 길다 보니, 아동학대를 어디까지나 '남의 일'로만 여기는 것이다.

부모의 인성에만 맡겨둘 수는 없다

사회적 안전망 역시 부재하다. 국가 예산은 턱없이 부족하며, 학대당하는 아이를 보호할 장소 및 아이들을 돌볼 전문 인력 역시 허덕이는 상황이다. 시스템은 너무나 부실하다. 사회복지사가 사용하는 도구는 매우 복잡하고 비실용적으로 되어 있음에도 개선되지 않는다. 그야말로 '사명감'에 기대어 자신을 갈아 넣어야만 지속이 가능하다. 그렇게 헌신적으로 일해도 오히려 '천륜'을 갈라놓은 천하에 몹쓸 사람 취급을 당하기도 한다. 실제로 직장인 익명 게시판인 블라인드에는 학대가 의심되는 아동을 보호자와 분리 조치하려다 2년간 정직 처분을 당한 경찰관의 생생한 사례가 올라오기도 했다.

가장 결정적으로는 단편적인 해결책과 관심만을 일삼는 정부와 사회가 근본적인 원인이라고 해야 할 것이다. 우리 사회에서 아이들은 죽지 않으면 관심을 받지 못한다. 몇 년 전 사설 위탁모가 15개월짜리 아이를 학대해 사망에 이르게 한 사건이 일어났다. 사건을 둘러싼 모든 것이 비극적이었지만 그중에서도 가장 화가 났던 것은 사건 뒤에 '살아남은 아이들'에게 신경 쓰는 사람이 아무도 없다는 부분이었다. 당시 위탁모 김씨가 운영하던 시설에는 죽은 아이 외에도 4명의 아이가 더 있었다. 사망한 아동의 비극적 서사에 주목한 언론은 많았으나 나머지 4명의 아이가 어디서 무엇을 하고 있는가를 찾아본 언론은 어디에도 없었다. 그렇게 지금 이 순간에도 수많은 아이가 죽어가고 있다.

'한 아이를 키우는 데는 한 마을이 필요하다'는 말이 있다. 많은 사람이 이 문장을 오지랖의 상징처럼 여기고 거부감을 갖고는 하지만, 여기에서 '한 마을'이라는 것은 타인이 아니다. 국가나 공동체를 의미하는 것이다. 한 사람의 안위가 이상한 개인에 의해 좌지우지된다면 그 자체로 위험할 수밖에 없다. 가족 제도는 보호자의 '인성' 하나에만 기댈 것이 아니라 반드시 공동체와 사회 시스템에 의해 뒷받침되어야만 한다. 정부는 출산율을 높이기 이전에 태어난 아이들의 사망률을 낮추는 문제부터 신경 써야 할 것이다. 그야말로 한 아이를 키우는 데는 한 마을이 필요하다. 아니 한 국가가.

방치된 아이들은
어머니 한 명만의 잘못인가

고레에다 히로카즈 감독의 영화 〈아무도 모른다〉는 일본에서 실제 있었던 '스가모 아동 방치 사건'을 모티브로 하고 있다. 영화도 충격적이지만 현실은 훨씬 더 참혹하다. 어쩌면 감독이 관객들을 배려하여 그나마 수위를 조절했는지도 모르겠다.

스가모 아동 방치 사건은 1988년 도쿄에서 발생한, 네 아이의 어머니가 아이들을 버리고 가출한 뒤 아이들끼리만 생활하다 발견되어 당시 전 일본을 충격에 빠뜨린 사건이다. 아이들의 어머니는 사귀던 남성의 아이를 낳은 뒤 6년을 함께 살았는데, 어느날 아이 아빠가 가출하면서 홀로 아이를 키우다 혼인신고는 물론 아이의 출생신고도 되어 있지 않다는 것을 발견한다. 이후로도 여러 명과 사귀고 헤어지고를 반복하던 어머니는 각기 다른 남성에게서 첫째를 포함하여 총 5명의 아이를 출산했고, 계속해서 아이들의 출생신고를 하지 않았기에 아무도 그들의 존재를 알지 못했다. 영화 〈아무도 모른다〉의 제목은 여기에서 나왔다.

셋째는 태어난 지 얼마 안 되어 병으로 죽었는데, 어머니는 아이의 시체를 악취제거제와 함께 밀봉하여 벽장 속에 보관하였다. 그러다 얼마간의 돈과 함께 동생들을 잘 부탁한다는 편지를 첫째에게 남기고 장기간 잠적한다. 이후 보호자 없이 홀로 남겨진 아이 넷은 경찰에 의해 발견되기까지 약 8개월간 자신들끼리 생활해야 했고, 12세였던 장남이 5세, 3세, 2세인 어린 동생들을 손수 돌보았다고 한다. 처음에는 동생들의 기저귀도 갈아주고 음식도 챙겨 먹이던 장남은 나중에는 돈도 없는 데다 육체적·정신적 피로가 극심하여 동생들은 방치한 채 친구들과 노는 데만 골몰하다시피 했다고.

이후의 불행은 대략 예상 가능한 수순이다. 공과금을 내지 않아 전기, 수도, 가스가 차례로 끊겼으며 길에서 오가다 사귄 장남의 친구들로 인해 집은 불량 학생들의 아지트가 된다. 이 과정에서 아직 어린 동생들은 달리 갈 곳이 없었기에 계속 집 안에 함께 머물러 있었는데, 울음을 그치지 않는 막내를 첫째의 친구들이 옷장에서 여러 번 떨어트려 사망하게 하는 사건이 발생한다. 과거에 어머니가 동생의 시체를 처리하는 것을 지켜보았던 첫째는 막내동생의 시체를 인적이 드문 곳에 유기한다.

그러던 어느 날 어른이 부재하다는 것을 눈치챈 집주인의 신고로 경찰이 복지과를 대동하여 방문하면서 이 참혹한 비극은 세상에 알려지게 된다. 경찰은 극심한 영양실조 상태에 있는 세 아이를 비롯하여 벽장 속 영아의 시체까지 발견한다. 아이들의 어머니는 뉴스에서 사건을 본 뒤 혹시나 하고 경찰에 출두하였다가 바로 구속되었으며, 첫째의 경우 막내동생을 살해하고 시체를 유기한 혐의로 구속될 위기에 처했다가 조사 과정에서 전모가 밝혀져 보호 감호소로 이송되었다고 한다.

아이의 아버지들은 어디에 있는가

영화를 보고 나서, 영화의 배경이 된 실제 사건을 알아보고 나서, 마음이 무척 힘들었다. 슬픔과 분노가 주체가 되지 않을 지경이었는데, 사실은 화를 낼 대상 자체가 불분명하기 때문에 더욱 화가 났다. 실제 사건에서는 어떠했을는지 모르지만 영화 속에는 이런 장면이 나온다. 왜 자신들을 제대로 돌보아주지 않느냐면서 불만을 표하는 장남에게 어머니가 이렇게 말하는 장면이다. "나는 행복해지면 안 돼? 나도 힘들어." 영화를 보고 난 뒤 내내 이 말이 마음속에 맴돌았다. 아이들이 가엾고 화가 나는 것과는 별개의 감정이었다.

육아와 가사에 적극적으로 협조하는 남편이 존재하는, 안락한 집에서 고작(?) 두 명의 아이를 키우며, 모든 생계를 홀로 책임지지 않아도 되는 나조차도 때로는 엄마라는 이름과 삶의 무게가 버거울 때가 있는데, 아이를 키우는 동안 끊임없이 나 자신의 바닥을 마주하고는 하는데, 과연 어린 여성 혼자 다섯 아이를 감당하는 것이 가능했을 것인가.

이런 이야기를 하면 그러게 책임도 지지 못할 애를 왜 낳았느냐며, 모든 것은 무책임하기 짝이 없는 어머니의 잘못이라는 비난이 나올 것이다. 그러나 아이의 출생신고조차 어떻게 하는지 모르는 이가 피임에 대한 개념을 가지고 있었을 것인가. 17~18세 무렵에 학교를 중퇴하고, 남자친구와 함께 살다가 아이가 생겨 낳고, 그러고서 남자친구는 잠적. 이후로도 여러 번 남자가 바뀔 때마다 연애하고 대책 없이 출산하고 대책 없이 방치하고. 그렇게 삼십대 중후반에 아이 다섯을 돌보게 된 어떤 여성.

결코 그 어머니를 변호하고자 함은 아니다. 다만 나는 과연 그 여성의 어린 시절은 어떠했을지, 여성의 부모는 어떤 사람이었을지, 여성이 구속되는 동안 다섯 명이나 되는 아이의 아버지들은 도대체 무엇을 하고 있었을지, 그 아버지들은 어떤 사람들일지에 대한 생각을 멈출 수 없을 뿐이다. 어머니가 무책임하고 무절제하며 무지한 사람이라는 것과는 별개로, 그가 구속되어 재판을 받고 징역을 살고 온 국민의 손가락질을 받을 동안 밝혀지지 않은 다섯 명의 남성에 대해 생각하고 있는 사람들은 얼마나 될 것인가. 그들의 책임을 추궁하고 그들에게 분노하는 이들은 얼마나 될 것인가.

홀로 아이를 키운 젊은 엄마의 처지를 생각해본다

1988년이니까, 또는 우리나라가 아니니까 그렇다고 생각하는 이들이 있을 수도 있겠다. 그러나 2020년 한국의 현실도 크게 다르지는 않다. 지난해 어린 형제가 부모가 없는 집에서 라면을 끓여 먹으려다 화재가 일어나 중상을 입는 사건이 일어났다. 언론은 형제의 사건을 두고 다시금 책임자 추궁에 나섰다. 아이들이 오래전부터 방치되어 왔고, 아이들에게서 학대의 흔적이 발견되었으며, 아이들의 보호자인 엄마는 장애가 있는 큰아들을 자주 때렸다고. 언론은 아이들의 엄마가 전날 밤부터 집을 비웠다는 기사를 자극적으로 전달했으며, 이런 기사 밑에는 어김없이 험악한 욕설이 가득했다.

물론 아이들을 방치한 것은 큰 잘못이고, 잘못된 행동에 대한 책임은 어떻게 해서든 져야 할 것이다. 그러나 과연 당시 벌어진 모든 일이 오직 형제의 어머니 한 명만의 잘못이었을까? 코로나로 학교가 문을 걸어 닫은 상황에서 하루 종일 아이들을 홀로 감당해야 했을, 스무 살부터 아이를 연달아 낳고, 10여 년간 홀로 길러왔을 그 어머니 한 명을 닦달하고 다그치고 엄벌에 처하는 것으로 이 모든 문제가 해결되는 것일까?

어려움에 처한다고 모두가 무책임한 선택을 하는 것은 아니다. 모두가 힘들다고 남을 학대하고 괴롭히는 것 또한 당연히 아니다. 그러나 상황과 조건에 따라 책임감을 갖춘 선량한 시민이 될 수도, 반대로 충분히 악독해질 수도, 무책임해질 수도, 무감해질 수도 있는 것이 인간이다. 아이들의 엄마에게 모든 책임을 추궁하기 전에, 이 사회가, 우리 모두가 방치된 아이들을 방관한 일종의 가해자라는 사실을 먼저 생각해야 한다. 거기에서 출발해야만 아동 방임이나 학대 문제가 비로소 해결의 실마리를 찾을 수 있을 것이다.

어떤 위로는
더 큰 상처가 된다

대학생 때 일본에서 워킹홀리데이를 하며 지낸 적이 있다. 1년 동안 도토루라는 커피 전문점에서 일하며 생활했다. 한때 한국에도 명동 등지에 지점이 있었는데, 지금은 철수했지만 아마 기억하는 사람들도 있을 것이다.

일본에서 내가 일했던 지점의 직원 수는 나를 포함해 대략 열두세 명 정도로, 점장과 마스터(점포 주인)를 제외한 대다수가 20대 초반의 대학생이었다. 시내에 국립대학이 있다 보니 전국 각지에서 온 학생들이 학교 공부와 아르바이트를 병행하다 졸업 이후 각자의 고향이나 도쿄 등의 대도시로 떠나는 경우가 많았다.

가기 전 걱정했던 것과 다르게 적응은 그다지 어렵지 않았다. 사람들은 친절했고, 일도 어렵지 않았으며, 이미 일본어 공부를 몇 년간 하고 간 덕에 다행히도 언어 문제가 없었기에 금방 어울려서 지낼 수 있었다. 다 같은 대학생이니 관심사가 비슷해 이야기도 잘 통하고 여러모로 좋았다.

하지만 일을 시작하고 얼마 지나지 않아 조금 신경 쓰이는 문제가 생겼는데, 아르바이트생 중 한 명인 O가 자꾸만 반말을 하는 것이었다. O는 나보다 6개월가량 먼저 들어와 일하고 있던, 나이는 나보다 세 살가량 어린 친구였다.

나한테만 반말을 하는 동료

일본어 공부를 해본 사람들은 알겠지만 일본어에도 반말과 존댓말이 존재한다. 한국만큼 엄격하게 따지는 것은 아니나 나이의 영향이 아주 없다고는 할 수 없고, 존댓말과 반말의 구분이 '친밀감'에 따라 달라지는 등 경계가 흐릿하다고는 해도 기본적으로 격식과 예절, 존중 여부에 따라 사용되기에 한국과 완전히 다른 것만도 아니다.

아니, 반말 좀 할 수도 있지, 뭐가 대수야? 하는 질문이 나올 수도 있겠으나, 문제는 O가 다른 모든 사람에게는 깍듯이 존댓말을 쓰고 나에게만 반말을 했다는 것이다. 그렇다고 O가 나를 괴롭히거나 한 것은 아니다. 사실 O는 나에게 무척 잘해주었다. 이 것저것 알려주기도 하고, 같이 술을 마시러 가자고도 하고, 여러 모로 친절했다. 그러니 내 마음이 복잡할 수밖에.

당시에는 O가 그럴 때마다 생각이 많아졌다. O가 왜 저러는 것일까? 친해지고 싶어서? 하지만 친하게 지내는 다른 사람들에게 그렇게 하지 않는 건 어째서일까? 특히 나와 동갑인 A, B, C에게는 아주 깍듯한데, 혹시 나를 무시하나? 내가 만만한가? 한번 뿌리 내린 생각은 멈출 줄을 모르고 계속 뻗어 나갔다. 급기야는 O를 보기만 해도 스트레스를 받기에 이르렀다.

지금에 와서 생각해보면 O의 입장이 이해가 간다. 사람들은 흔히 외국인을 대할 때 다소간 '유아'처럼 대하는 경향이 있다. 나이와 상관없이 대부분 그러한데, 일단 언어가 모국어가 아니다 보니 아무리 언어가 유창한 사람이라 해도 발음이나 구사하는 단어가 현지인에 비해 뒤떨어질 수밖에 없고, 아마도 그런 부분에서 유아적이라는 인상을 받게 되는 듯하다.

우리가 〈비정상회담〉이나 〈미녀들의 수다〉에 나왔던 출연진의 이미지를 어떻게 소비하고 그들에 대해 어떤 방식으로 이야기했는지 생각해보면 아마 쉽사리 이해가 갈 것이다. O가 아니므로 당시 O의 생각을 정확히는 알 수 없지만, 아마도 그때의 O 역시 그랬던 것이 아니었을까 짐작해본다. 악의는 없이, 그저 본능적으로.

어떤 말은 차별 구조를 공고히 한다

지금은 이렇듯 너그럽게 헤아리지만 당시의 나는 지금보다 이해력이 부족했고, 결국 참다못한 어느 날 매장에 손님이 없는 틈을 타 떨리는 목소리로 말했다. "저기… O상, 나 궁금한 것이 있는데, 나에게만 반말을 하는 이유가 뭐야? 난 조금 신경 쓰이고 불편한데, 나도 앞으로는 존댓말로 말할 테니 그렇게 하지 않아 줬으면 좋겠어." 내 말을 들은 O는 깜짝 놀라 자긴 전혀 몰랐다며 미안하다고, 앞으로는 조심하겠다는 이야기를 했다.

O가 순순히 사과하고 납득해주니 괜히 그랬나 싶은 미안한 마음이 들었고, 나도 덩달아 사과를 하고는 모든 게 잘 해결되는 듯했다. 문제는 그날 있었던 일을 짤막하게 정리해 당시 사용하던 믹시라는 일본판 싸이월드 같은 SNS에 공유했을 때 일어났다. 일본인 친구들이 이런 댓글을 단 것이다.

"힘내! 난 외국인에 대한 차별은 절대 반대야! 난 재일교포 문제에도 관심이 많아. 차별 금지! 화이팅!"

댓글을 보자 기분이 몹시 미묘해졌다. 난 차별받았다고 생각한 적 없는데. 기분이 나쁘긴 했지만 그냥 서로 간의 오해라고 생각했는데. 난 그저 O가 좀 무례하거나 무신경하다고만 여겼는데. 물론 나 역시 차별이 아닐까 고민하지 않았던 것은 아니지만, 그게 아닐 것이라 애써 마음을 다독였는데. 그런데 그 댓글로 인해 어느 틈에 내가 겪은 일은 '차별'로 굳어져버린 것이다. 나라는 개

인과 O 사이의 상호작용과 무관하게 갑자기 나는 O로부터 차별
을 받은 사람이 되어버리고, O는 나를 차별한 사람이 된 것이다.

O와 있었던 일보다 그 댓글이 더 오래도록 마음에 남았다. 댓
글을 본 순간 오히려 '외국인'이자 '한국인'이라는 나의 벽과 한
계를 명확히 깨달은 느낌이었다. 그때 알았다. 때로는 위로가 더
상처가 될 수 있다는 것을. 무신경한 위로의 말이 차별 구조를 더
공고히 할 수도 있다는 것을. 말하기 전까지는 존재하지 않았던
차별이 말을 통해 더 구체화될 수도 있다는 것을 말이다.

질문을 통과하고 어렵게 나온 말이 좋은 말이다

지난해 임대 아파트를 둘러싼 각종 논란과 그에 대해 나오는 반
응을 보며, 그것을 더욱 명확히 느꼈다. 당시 어떤 사람들은 말했
다. 13평에서 어떻게 애를 낳고 사느냐고. 정말 해도 해도 너무하
는 것 아니냐고. 이에 대해 또 다른 사람들은 말했다. 실제 평수는
13평보다 더 넓다고. 실제 해당 아파트의 평수가 13평이었건 아
니건 관계 없이, 실제로 13평이 아이들을 키우기에 빠듯한 공간
이건 아니건 관계없이, 그런 발언은 이미 그런 환경에 치한 사람
들에게 상처가 된다. 그런 환경에 처한 사람들은 자신의 의사와
무관하게 '사람이 살 수 없는 곳'에 사는 사람들이 되어버린다.

당연히 집은 넓을수록 좋은 것이고, 중산층에게는 중산층 나

름의 욕망이 있는 것이므로 이 점을 무시할 수는 없는 노릇이다. 그러나, 그렇게 이야기하는 와중에도, 누군가는 그러한 발언으로부터 상처를 받는다는 것이다.

같은 선상에서 트위터에서 많이 회자되었던 '가난한 이들은 아이를 낳을 자격이 없다'거나, '가난한 사람들이 아이를 낳는 것은 아동학대'라는 말 역시 마찬가지이다. 이 말이 비록 어렵고 가난한 환경에서 자신을 자라나게 한 무책임한 부모에 대한 원망이더라도, 더는 자신과 같은 아이들이 생기지 않았으면 하는 소망이더라도, 이런 발언을 통해 가장 상처를 입는 사람은 이미 그러한 상황에 놓인 이들이다. '가난함에도 아이를 낳은 부모들' 이상으로 그 밑에서 자라는 아이들이 더욱 큰 상처를 입는다는 것이다.

우리의 발언이 궁극적으로 누구에게 가서 닿고 우리가 하는 행동이 어떤 영향을 미치는지에 대해 조금 더 생각하면 좋겠다. '13평이어도 충분히 살 만하다'나 '13평에서 어떻게 사냐' 모두 비슷한 지점에서 누군가에게 상처가 될 수 있는 말이다.

세상이 지옥 같아서 아이를 낳지 않겠다거나, 이런 세상에서 아이를 낳는 것은 아동학대라는 말 역시 마찬가지이다. 그런 말을 들은 아이들은 자신의 생각과 무관하게 '지옥'을 사는 것이 되어버린다. 나름의 기쁨과 슬픔, 즐거움과 고통을 느끼며 하루하루 살아가고 있는 아이들이 불현듯 '아동학대'를 당하는, 태어나지 않는 편이 나았을 아이들이 되어버린다.

그럼 대체 무슨 말을 하란 말인가, 아무 말도 하지 말란 말인가, 하는 반문이 나올 수도 있겠으나, 나는 그처럼 어렵게 나온 말이야말로 좋은 말이라고 생각한다. 말이란 그런 질문을 통과해서 나와야만 한다고, 듣는 사람의 여러 층위를 고려해야만 한다고 생각한다. 아마 좋은 정책 역시 크게 다르지 않을 것이다.

그때도 틀렸고
지금도 틀렸다

정치적 올바름과 표현의 자유 둘 중 무엇이 먼저일까. 아마 누구도 쉽사리 답할 수 없는 문제일 것이다. 명확한 결론을 내리지 못한 채 늘 격렬한 토론을 유발하던 이 논란은 영화 〈바람과 함께 사라지다〉를 둘러싸고 다시금 불거지게 되었다.

경찰의 과잉 진압으로 사망한 조지 플로이드 사건과 관련하여 미국 내 인종차별에 대한 비판 여론이 높아지면서 'Black Lives Matter' 운동이 촉발되었고, 동영상 스트리밍 회사인 HBO 맥스가 〈바람과 함께 사라지다〉는 인종차별을 부추기는 작품이라며 자사의 서비스 목록에서 제외한 것이 계기였다. 이 이야기를 처음

들었을 때 잠시 고개를 갸우뚱했다. 그도 그럴 것이 〈바람과 함께 사라지다〉와 인종차별 담론이 잘 연결되지 않았기 때문이다.

어린 시절 영화를 보고 싶을 때면 달력을 잘 보아두었다가 집 근처 도서관으로 향하곤 했다. 도서관에서는 매월 정해진 날짜에 커다란 강당에서 영화를 무료로 상영했었는데, 지금처럼 영상물이 풍족하지 않았던 시기이기에 가끔씩 영화를 볼 수 있는 그 기회가 얼마나 소중했는지 모른다. 거기에서 참으로 많은 작품을 보았다. 〈십계〉, 〈벤허〉, 〈카사블랑카〉 등 주로 고전 명작들. 그렇게 본 영화 중에 〈바람과 함께 사라지다〉도 있었다.

초등학생인 내가 보기에 다소 난해하고 이해하기 어려웠던 다른 작품들과 다르게 〈바람과 함께 사라지다〉는 대단히 재미있었다. 일단 흑백 영화가 아니었고, 음악이 아름다웠고, 출연 배우들 또한 대단했고, 스토리 역시 감동적이었다. 그 뒤로 집에 비디오 기계가 들어오고 동네에 비디오 대여점이 생긴 이후로 가끔씩 해당 비디오를 빌려다가 여러 번 돌려보곤 했다. 아마 대학생이 될 때까지도 그랬을 것이다. "내일은 내일의 태양이 뜰 거야"라는 극중 대사는 어려울 때마다 나를 붙잡아주는 수많은 말 중 하나가 되어주기도 했다.

그렇기에 내 기억 속 그토록 아름다운 영화가 인종차별을 부추긴다는 주장이 와닿지 않았다. 결국 의문을 품은 채로 '진실'을 확인하기 위해 오랜만에 다시금 찾아보게 되었는데, 결과는 충격적이었다. 일단 영화 〈바람과 함께 사라지다〉는 이런 문구와 함께 시작된다.

"바람과 함께 사라진 하나의 사회. 예의 바른 신사들과 목화밭의 땅이던 옛 남부가 있었습니다. 이 아름다운 지방은 기사도가 살아 있는 마지막 땅으로, 이곳에서 기사들과 아름다운 귀부인, 주인과 노예를 마지막으로 보게 됩니다. 책 속에서나 찾을 이곳은 이제 잊지 못할 꿈에 불과합니다."

여기에서부터 느낄 수 있지만 이 영화는 노예제가 존재하던 과거의 미국 남부 사회를 대단히 그립고 아련한, 향수 어린 공간으로 그려낸다. 남북 전쟁을 계기로 점차 무너져가는 남부를 비련의 주인공처럼 매우 안타까운 시선으로 바라본다. '주인'과 '노예'를 마지막으로 보게 된다면서, 책 속에서나 찾을 수 있는 꿈과 같은 장소라고 지칭한다.

주요 등장인물은 모두 백인이며, 흑인 '노예'들의 '주인'이었을 그들은 문자와도 같이 모두 아름다운 귀부인과 기사도 정신을 갖춘 인물로 묘사된다. 유일하게 비중 있는 조연인 흑인 유모 역할의 해티 맥대니얼은 복잡하고 입체적인 내면을 지닌 한 명의 개인으로서가 아닌, 감칠맛을 더하기 위한 '감초'로서 우악스럽고 드센 모습만을 보여줄 뿐이다.

영화 속에는 열 살 남짓한 흑인 여자아이들이 낮잠에 빠져든 '주인 아씨들'을 향해 부채질하는 장면이 나오기도 하는데, 이러한 장면을 보다 보면 영화 속 흑인을 백인과 동등한 인간으로 느끼기가 쉽지 않다. 마치 배경처럼 기능하는 그들은 개나 고양이 같은 가축, 또는 청소기와 세탁기 등의 가전제품, 혹은 그럴듯하게 구색을 맞추는 공기정화식물과 같은 존재로서만 그려질 뿐이다.

아름다운 영화 속 인종차별

어릴 적 그렇게나 자주 보았으면서도 이런 사안을 전혀 눈치채지 못했다니! 영화의 내용이 아니라, 그와 같은 영화를 보면서 이전에는 아무런 문제의식을 느끼지 못했다는 부분이 너무나도 충격적이었다.

이에 대해 어떤 사람들은 시대가 변했으므로 고전 명작을 오늘날의 기준으로 논해서는 안 된다고 이야기할지도 모른다. 과거에는 과거 나름의 기준이 있다면서 말이다. 그러나 시대가 달랐으며 윤리적 기준이 달랐다는 것은 면죄부가 될 수 없다는 것이 내 생각이다.

저러한 작품이 '명작'이라 칭송받을 수 있었던 것은, 그만큼 우리가 살았던 과거의 시대가 야만적이었으며 나를 포함하여 그 작품을 사랑했던 많은 이들이 세상사를 백인 중심의 시각으로 바라보고 있었다는 방증이다. 가만히 있는 훌륭한 작품에 괜시리 달라진 잣대를 들이대며 시비를 거는 것이 아니라, 태생부터 지니고 있었던 문제를 지금까지는 관객들이 전혀 알려고도, 인식하려고도 하지 않았다는 이야기다.

이 작품이 엄청난 칭송을 받았을 당시, 영화를 바라보는 흑인들의 마음은 어떠했을 것인가. 주인에 의해 운명이 좌지우지되는 노예의 삶, 부모가 노예이므로 그 자식 또한 자동으로 노예가 되는 삶, 이리저리 금전적 이해관계에 의해 팔고 팔리는 삶, 똑같은 인간으로 태어나 누군가는 낮잠을 잘 동안 그 옆에서 부채질을 해야만 하는 삶을 실제로 살았던 이들의 마음은 말이다.

흑인 노예제를 둘러싼 야만과 아픔이 이 영화에서는 모조리 생략되어 있으며, 오로지 스러져 가는 남부와 백인 자신들에 대한 연민만이 시종일관 떠돌고 있을 뿐이다. 실제로 수많은 백인, 특히 트럼프 전 미국 대통령과 같은 인물이 가장 좋아하는 영화로 〈바람과 함께 사라지다〉를 꼽을 동안, 많은 흑인에게 이 영화는 최악의 작품에 다름 아니었다.

표현의 자유와 정치적 올바름 사이에서

이렇게 말하면 다시금 예술작품에 획일적인 잣대를 들이대는 것은 옳지 않다는 이야기가 나올지도 모른다. 무너져 가는 남부를 살았던 백인들에게도 나름의 고충이 있었으며, 그들에게도 삶의 애환이 있었다고, 그 지점을 조망하는 것 또한 문학과 예술의 역할이라고.

물론 그 이야기 또한 맞다. 무너져 가는 남부를 배경으로 당대

인물들의 복잡한 내면을 그린 작품은 여태껏 많았다. 미국의 대문호로 꼽히는 윌리엄 포크너의 작품 대다수가 그러하고, 또 다른 남부 작가인 플래너리 오코너의 많은 작품이 그러하다. 하지만 그들의 작품에서는 적어도 옛 남부가 유토피아로 그려지지는 않는다.

윌리엄 포크너는 《소리와 분노》 등의 작품에서 붕괴하는 남부를 바라보며 괴로워하는 인물들을 그리는 동시에, 노예제도가 얼마나 야만적이었는지, 노예제의 수혜를 입었던 인물들이 스스로에 대해 얼마나 자괴감을 느끼고 고통스러워했는지를 같이 조망했다. 플래너리 오코너 또한 〈제라늄〉 등의 단편에서 변화하는 시대에 적응하지 못해 괴로워하는 주인공의 고뇌를 보여줌과 동시에 노예제가 존재하던 이전 시대가 얼마나 불균형한 상태였는지를 암시한다. 그저 남부의 모든 것을 동화처럼 아름답고 아련하게 그려내는 〈바람과 함께 사라지다〉와는 사뭇 다른 지점이다.

물론 인종차별적 논란이 있다고 하여 〈바람과 함께 사라지다〉가 지닌 모든 의의를 부정하려는 것은 아니다. 이 영화의 존재를 말살시켜야 한다고 주장하려는 것도 아니다. 비록 인종차별적 요소를 포함했으나 〈바람과 함께 사라지다〉는 여전히 아름다운 영화다. 옛 남부의 풍경, 아름다운 인물들과 음악, 과거에 대한 향수 등 인간이 가질 수 있는 감정이 녹아 있다. 실제로 HBO는 논란이 불거지자 결국 영화가 지닌 문제점을 토론하는 영상과 함께 서비스 리스트에 작품을 복귀시키기도 했다.

다만 잊지 말아야 할 것은, 우리가 종종 '표현의 자유'를 근거로 즐기고 향유하는 것들이 실은 누군가의 고통과 눈물을 담보로 하는 경우가 많다는 사실이다. 우리가 표현의 자유를 주장할 동안 그 이면에는 실제로 해당 문화로 인해 억압받고 상처를 입는, 심지어는 목숨까지 잃는 사람들이 존재한다. 예술작품을 단지 예술작품으로서만 바라볼 수 없는 이유이다. 예술은 늘 삶과 이어져 있다. 표현의 자유와 정치적 올바름 중 무엇이 먼저인지를 생각할 때, 우리는 늘 그 점을 염두에 두어야 한다.

아주 작은 배려

몇 년 전 답답하고 짜증나는 상황을 두고 '암 걸릴 것 같다'는 표현이 유행한 적이 있다. 문자 그대로 스트레스 받는 상황을 과장되게 일컫는 말이다. 많은 사람이 입버릇처럼 그 말을 사용했고, 나 역시 재미있다고 생각하여 자주 쓰곤 했다.

하루는 모임에서 이전에 있었던 일을 이야기하며 너무 화가 났다고, 암 걸릴 것 같았다고 말을 했는데, 그 순간 자리에 있던 한 사람이 말을 했다. "저기, 무슨 뜻인지 모르는 건 아니지만 그 말은 안 쓰면 안 될까? 가족이 진짜로 암에 걸렸거든. 그래서 암 걸릴 것 같다는 말을 들으면, 마음이 좀 그래."

당혹스러웠다. 그런 지적을 들으니 민망하기도 하고 억울하기도 했다. 난 그저 웃자고 한 말일 뿐인데! 남들도 다 쓰는 말인데! 별 뜻 없이 재미있자고 한 건데! 그냥 그러려니 하고 넘어가면 안 되나? 저렇게 정색을 할 건 또 뭐람? 마치 내가 엄청 큰 잘못을 한 것 같잖아! 지금 생각하면 매우 부끄럽지만 당시에는 실제로 그런 생각을 했다.

그럼에도 불구하고 "미안해. 앞으로는 조심할게" 하고 말았는데, 속으로는 그렇지 않았음에도 불구하고 미안하다고 말한 이유는 그 편이 훨씬 더 쉬웠기 때문이다. '암 걸릴 것 같다'는 표현을 반드시 쓰지 않으면 안 되는 하등의 이유가 없었기 때문에. 비록 납득은 되지 않더라도 누군가 불편하다면 가능한 그 말을 쓰지 않는 편이 낫다고 판단했기 때문에. 이후로는 혹여라도 비슷한 지적을 또 듣게 될까봐 그 표현을 점차 쓰지 않게 되었다.

그로부터 한참의 시간이 흐른 지금은 당시 '진짜' 의견과 관계 없이 순순히 사과했던 것을 정말 잘한 일이라고, 그렇게 하기를 다행이라고 생각한다. 몇 년 뒤 지인이 암 투병하는 모습을 지켜보면서 암이라는 병이 얼마나 괴롭고 무서운지, 사람들이 무심결에 내뱉는 '암 걸릴 것 같다'는 표현이 실제 암으로 고통받는 사람들에게 얼마나 폭력적으로 다가올 수 있는지를 깨달았기 때문이다.

나를 포함하여 대부분의 사람들은 자신이 직접 겪어본 것이 아니라면 어떤 말이나 표현의 무게를 체감하지 못한다. 타인의 상황을 이해하고 공감할 만한 예민한 배려의 감각을 타고나는 사람도 드물다. 그렇기에 별다른 악의가 없더라도, 그저 '웃자는' 의도였더라도, 누군가에게 상처를 주는 일은 빈번하게 일어날 수 있다.

그러고 보니 요 근래 소셜미디어에서 자주 눈에 띄는 인물이 있다. 김아무개라는 동양인 여성으로 주로 미 군복을 입은 사진을 프로필에 걸어놓고 활동한다. 물론 '김아무개'는 내가 임의로 붙인 이름으로 당연히 가명이다. 김아무개가 유명해진 것은 SNS 헤비 유저들이 그의 사진을 캡처하여 공유하면서부터인데, 그래서인지 페이스북이나 인스타그램에서 김아무개의 이름을 검색하면 유사한 게시물이 줄줄이 나온다. 대부분 드디어 본인도 김아무개로부터 친구신청을 받았다는 내용이다.

들기로 김아무개는 불특정 다수에게 마구잡이로 친구신청을 한 뒤 수락해준 사람에게 성적으로 유혹하는 내용이나 돈을 빌려달라는 메시지를 보낸다고 한다. 하지만 "탈레반에게 인질로 붙잡혀 있는데 보석금 백만 달러가 필요하다", "너를 보자마자 첫눈에 반했고 결혼을 원합니다" 같은 멘트는 얼핏 봐도 이상하다. 문장 또한 번역기를 돌린 듯 부자연스럽다. 당연히 사진 속 여성이 아니라 그 뒤에 숨어 있는 누군가가 만들어낸 가짜 계정일 확률이 높고, 금전적 이득을 취하기 위한 어설픈 사기 행각임을 쉽게 알 수 있다. 실제로 김아무개의 '진짜' 정체가 밝혀지기도 했는데, 김아무개는 미군에 복무하는 한국인 여성으로, 우연히 프로필 사진이 세계적으로 도용되면서 엄청나게 유명한 존재가 되었다고 한다.

이 때문인지 사람들은 김아무개의 프로필을 캡처하여 종종 담벼락에 전시하곤 한다. "저 돈 없습니다" 혹은 "남자인 거 다 알아요" 하는 멘트와 함께 가짜 계정임을 알고 있다는 사실을 피력하고, 그걸 본 사람들은 "앗, 김아무개 형님. 예쁘게 생기셔서 무서운 분", "왜 이러고 산대요" 혹은 "관상을 보니 혁명을 하실 분 같군요" 같은 댓글을 달며 즐거워한다. 말하자면 김아무개 자체가 하나의 밈(Meme)이자 유머 코드로서 사용되고 있는 것이다.

하지만 이러한 광경을 볼 때마다 나는 다른 이들처럼 웃을 수 없다. 웃음은커녕 마음 한구석이 착잡해진다. 이런 나를 두고 어떤 사람들은 유머도 모르냐며, '프로불편러' 납셨다고 할지도 모르겠다. 물론 나 역시 과거에 이상한 메시지를 받아본 경험이 있다. 복권에 당첨되었는데 안타깝게도 보증금이 없어 수령이 불가능하다고, 백 달러만 빌려주면 나중에 상금의 절반을 나누어주겠다는 터무니없는 내용이나 "너의 좋은 미소. 너 한국인"과 같은 문법도 맥락도 맞지 않는 이상한 것들. 그 얄팍함과 황당함에 어이없는 실소를 흘린 적이 있으므로 그들이 왜 웃는지는 충분히 이해한다. 그들이 비웃는 대상이 사진 속 인물이 아닌 그 뒤의 누군가라는 사실 또한 알고 있다.

다만 나는 그러한 광경을 볼 때마다 생각하지 않을 수 없는 것이다. 혹여라도 그러한 광경을 사진의 '진짜' 주인공이 보게 되는 경우 그가 느끼게 될 심정을, 자신의 의사와 관계없이 수많은 사람에게 강제로 얼굴이 노출된 사람의 마음을, 자신의 얼굴을 두고 수많은 사람이 품평을 하고 비웃고 있다는 사실을 알게 된 사람의 안위를. 그걸 생각한다면 프로불편러가 아니라 그 누구라도 쉽게 웃을 수 없을 것이다.

물론 나라고 처음부터 이런 생각을 했던 것은 아니다. 나 또한 과거 '암 걸릴 것 같다' 같은 표현으로 누군가에게 상처를 준 적이 있다. 현재도 '무심한' 행동으로 누군가에게 상처를 주고 있을지 모른다. 그러나 중요한 것은 그 후에 어떻게 대처하는가의 문제일 것이다. 누구나 실수할 수 있고, 상대의 불쾌함이나 분노가 끝까지 납득이 가지 않는 경우도 없지 않을 테지만, 그럼에도 불구하고 누군가가 불쾌하다고 생각하는 행동은 가능한 하지 않는 편이 좋다고 생각한다. 이것은 정치적 올바름의 여부를 따지기 이전에 예의와 배려의 문제에 더 가깝다. 한 사람으로서, 상처받은 다른 사람의 마음을 보듬고 헤아리려는 가장 기본적인 배려의 마음 말이다.

우리 본성의 선한 천사

며칠 전 인터넷에서 우연히 '좋은 사람들은 어디에나 있다'는 주제의 게시물을 보게 되었다. 누군가 낯선 이에게 예상치 못한 도움을 받았다고 하자 너도나도 그런 경험이 있다며 동조의 댓글을 달았고, 타래는 한없이 길어졌다. 사연은 다양했다. 배가 너무 아파 길가에 웅크리고 있었는데 지나가던 여성이 집까지 데려다주었다는 것에서부터 편의점 아르바이트를 하던 시절 형편이 어려워 보이는 할아버지가 매번 꼬깃꼬깃한 지폐로 자신 몫의 과자까지 계산해주었다는 이야기에 이르기까지.

읽다 보니 지난여름의 어느 날이 떠올랐다. 아이를 데리고 외출했다 돌아가는 길이었는데 지하철 역을 나오자 갑작스레 폭우가 쏟아지기 시작했다. 우산을 써도 흠뻑 젖을 정도로 세찬 비였던지라 어찌할 바를 몰라 당황하는 중이었다. 아이 혼자 세워둔 채 어디 가서 우산을 사 올 수도 없고, 그렇다고 아이가 비를 맞게 할 수도 없고. 아이 손을 잡고 발을 동동거리며 서 있을 수밖에 없었다. 그때였다. 역으로 들어가던 한 남자가 자신이 쓰고 있던 우산을 건네주었다. 커다란 장우산이었는데 가격표도 떼지 않은 새 것이었다. 미처 감사의 말을 할 새도 없이 남자는 사라졌다.

어찌 됐든 우산을 구했으니 집에 갈 수 있게 된 상황. 그러나 안타깝게도 그날의 시련은 그것으로 끝이 아니었다. 들고 있던 쇼핑백이 빗물에 젖어 찢어지면서 안에 있던 아이의 장난감이 다 쏟아지고 말았던 것이다. 아이는 속상해서 울고, 나 또한 너무나 당황스러워서 눈물이 날 지경이었는데, 마침 지나가던 이들이 가던 길을 멈추고 같이 장난감을 주워주기 시작했다. 그러는 동안 아이에게 우산을 씌워주는 사람도 있었고, 주워 모은 장난감을 담아가도록 어디선가 구해 온 비닐봉지를 내미는 사람도 있었다.

각자도생이 우리의 본성은 아니다

그날 집에 돌아가 오래도록 생각했다. 새로 산 우산을 낯선 이에게 건네는 사람의 마음에 대해서. 그 사람 역시 지하철이 마지막 목적지는 아니었을 텐데. 역에서 나갔을 때 계속 비가 오고 있을

지도 모르는데. 그럼에도 나와 아이를 위해 선뜻 자신의 우산을 건넨 것이다. 가던 길을 멈추고 아이의 장난감을 함께 주워준 사람들의 마음에 대해서도 한참을 생각했다. 누군지도 모르는 우리를 돕는 사이 다들 흠뻑 젖고 있었는데.

많은 사람이 성악설과 더불어 각자도생을 외치고는 하지만 나는 여전히 인간에게는 따뜻한 본성이 존재한다고 여긴다. 인간이 무조건 선량하기만 하다는 뜻은 아니다. 그날 나를 도와준 사람들을 단지 그 이유로 좋은 사람이라고 생각지도 않는다. 그들은 누군가에게는 나쁜 사람일지도 모른다. 때로는 폭력적인 행동을 할지도 모르는 일이다.

다만 분명한 것은, 인간에게는 여전히 낯선 이에게 자신의 우산을 선뜻 건넬 만큼의 따뜻한 마음이 존재한다는 사실이다. 타인의 시선을 의식해서이건, 그저 좋은 사람이 되고 싶어서건, 스스로에게 만족하기 위해서건, 이기적 본능과 더불어 인간의 마음속에는 타인에 대한 연민과 측은지심이 존재한다.

우리집 거실 창으로 아파트 단지가 내려다보인다. 아이들을 학교와 어린이집에 보내놓고서, 청소기를 한 바퀴 돌리고 급한 집안일을 처리한 다음, 창가에 서서 잠깐 동안 밖을 구경하는 것이 나의 작은 하루 일과 중 하나다. 창가에 서 있다 보면 아파트 단지 내의 어린이집 아이들이 매일 비슷한 시간에 산책하는 풍경을 볼 수 있다.

하루는 다 같이 산책을 하다가 무슨 이유였는지 아이 한 명이 옆에 있던 친구를 밀어서 넘어뜨렸다. 넘어진 아이는 울음을 터뜨렸고 그 광경을 바라보고 있던 내 마음도 덩달아 어두워졌다. 역시 아이들이라고 선량한 것은 아니라는, 인간의 본성은 어쩔 수 없는 것인가 하는 복잡한 생각이 짧은 순간 스쳐 지나갔다. 그때였다. 다른 아이 한 명이 울고 있는 아이에게 다가가 손을 뻗어 일으켜주었다. 조마조마한 마음으로 그 광경을 지켜보던 내 마음에도 그날 치의 평화가 찾아왔다. 나에게는 아마도 이런 순간들이, 사람에게 끊임없이 실망하면서도 다시금 사람을 사랑할 수밖에 없는 이유일 것이다.

4

개인주의
연습

그들은 왜
사이비 종교에 빠졌나

코로나 바이러스 사태를 겪으면서 사회 내외부적으로 숨어 있던 많은 문제가 드러나기 시작했다. 특히나 크고 작은 종교집단이 문제가 되었다. 사람들은 자신이 듣지도 보지도 못한 수많은 '사이비' 종교가 존재한다는 사실에 놀랐고, 이와 같은 사이비에 빠지는 사람들의 심리에 대해 신기해했다. 나 역시 같은 의문을 품었고, 책장에서 무라카미 하루키의 《약속된 장소에서》를 집어들었다.

《약속된 장소에서》는 무라카미 하루키가 옴진리교 신도들을 인터뷰하여 정리한 책이다. 하루키는 도쿄 지하철 사린가스 테러 사건 피해자들을 인터뷰한 《언더그라운드》를 출간한 뒤, 그에 상응하는 의미에서 해당 범죄를 저지른 단체, 즉 옴진리교에 한때 몸을 담았거나 혹은 여전히 몸을 담고 있는 8명의 신도를 인터뷰 하여 이 책을 펴냈다. 한 가지 미리 일러둘 지점은 이 책이 "가해 자에게도 할 말이 있다" 혹은 "그들도 불쌍한 사람이다"는 식으로 해당 사건의 범인들을 옹호하거나 옴진리교 신도들을 변호하기 위한 목적으로 쓰이지 않았다는 점이다.

이 책은 그보다는 대체 그들이 어떻게 하다가 해당 종교에 투 신하게 되었는지, 그들이 바라본 교주는 어떤 존재였는지, 교단 안의 규칙과 질서는 어떠했는지, 부당한 상황에 처했을 때 어떤 감정을 느꼈는지 등등을 구체적으로 상세히 들어봄으로써 '컬트 종교' 그 자체를 이해하는 데 목적이 있다. 보다 적나라하게 말해 보자면 "대체 왜 멀쩡해 보이는 사람들이 저 지경이 되었을까" 하 는 의문에서 출발한 것이다.

사실은 나 역시 오래전부터 비슷한 의문을 갖고 있었다. 이제 껏 문제가 되었던 소위 '사이비' 단체의 수장들을 봐도 그렇고, 옴진리교 교주인 아사하라 쇼코 역시 그렇고, 그 밖에도 '일부' 기독교 목사들을 보면, 하는 말 한마디 한마디가 극단적이다. "내 가 팬티를 벗으라고 하면 벗어야 착한 신도"라는, 도저히 상식적 이라고 볼 수 없는 발언에 대해서도 아무런 의문이나 비판을 가 하지 않는 종교 단체 구성원들의 마음이 나는 늘 궁금했다. 그런 말을 듣고서도 목사님, 교주님, 대표님, 하면서 열광하는 심리가 도무지 이해가 가질 않았다. 심지어는 '멀쩡해 보이는' 사람들이.

그들은 정의로운 사람들이었다

책을 읽고 나서 그런 의문의 상당 부분이 해소되었다. 사람이 태어난 이유가 있을까? 없다. 어릴 적 보던 애니메이션에서처럼 '지구를 구하기 위해' 또는 '파괴하기 위해' 이 세상에 특별한 소명을 갖고 태어난 사람은 존재하지 않는다. 고로 사람은 누구나 이 세상에 왜 태어났는가 하는 존재의 의미를 고민할 수밖에 없다. 또한 자기혐오나 불안, 고독감 등의 부정적인 감정에 시달리기 마련이며, 그처럼 불쾌한 감정을 없애고 혼란에서 벗어나기 위해 이런저런 노력을 하게 된다. 그러한 노력에는 종교, 예술, 사회운동 등 여러 가지가 있을 수 있다. 그리고 어떤 사람들에게는 그것이 옴진리교 등의 '사이비' 종교였던 것이다. 그렇기 때문에 사이비 종교의 신도라고 하여 유달리 '이상한' 사람이라는 시각은 옳지 않다. 그보다는 정서적으로 남보다 취약한 사람이 운이 나빠 걸려든 경우에 더 가깝다고 할 수 있다.

이렇게 말하면 잘 와닿지 않을 것이다. 그렇다면 보다 구체적인 사례를 하나 들어보자. 《약속된 장소에서》에는 신도들이 옴진리교에 투신하게 된 과정에 대해 여러 증언이 실려 있는데, 그 작업은 주로 이런 식으로 시작된다고 한다. 예를 들어 당신에게 아주 가끔이지만 굉장히 외롭고, 두렵고, 불안한 마음이 들 때가 있다고 해보자. 그런 당신 앞에 이야기도 잘 들어주고, 다정한 말도 해주고, 친근감을 표시해주는 사람이 나타난다. 이런 관계가 어느 정도 지속되면 대부분의 사람들은 자연히 상대에게 일종의 우정 혹은 호감을 갖게 된다. 그렇게 점점 사이가 가까워지고, 절친이 되면서 신뢰관계를 쌓게 되는데, 그러던 어느 날 문득 그 사람이 권유한다. '요가'를 한번 해보는 게 어때? 이거 하고 나서 난 자존감도 많이 높아졌고, 마음도 안정됐어.

신뢰하는 사람의 조언에 힘입어 당신은 자연스레 요가에 입문한다. 해보니 확실히 몸과 마음이 건강해지는 느낌이 들면서 만족스럽다. 예전보다 두려움과 불안도 줄어들었다. 그렇게 당신은 자연스레 요가를 좋아하게 된다. 가까이서 지켜보니 평소 신뢰하던 그 사람은 더욱 굉장하게 느껴진다. 신기한 동작도 하고, 엄청난 고수처럼 보인다.

어느덧 당신은 그 사람처럼 되고 싶다는 생각을 갖게 된다. 그러나 좀처럼 요가 실력은 늘지를 않고, 자연스레 마음은 초조해지고 요가를 시작하기 전보다 더 정신이 산만하고 번민이 늘어난 것만 같다. 이런 고민을 상담하면 그 사람은 말한다. 아직 수행이 부족해서 그래. 돈과 시간을 더 많이 들이면 괜찮아. 결국 당신은 돈과 시간을 더 많이 들이게 되고, 어느덧 요가에 중독된다. 요가 자체에도 심취하고, 함께 요가를 하는 사람들의 커뮤니티에도 완벽히 녹아든다. 더 이상 요가가 없는 삶은 상상할 수조차 없다.

더 나은 사람이 되고 싶었을 뿐인데

사이비 종교 이야기하다 말고 웬 요가? 싶겠지만, 사실은 사이비 종교의 맥락 역시 다르지 않다. 사실 '중독' 혹은 '심취'에 이르는 메커니즘은 그 대상이 무엇이건 모두 흡사하다. 여기서 '요가'는 그 무엇으로든 대체될 수 있다. 요가를 예시로 들어 요가 애호가 들에게는 미안하지만, 요가가 나쁘다는 것이 아니라 결핍을 해소 하려는 어떤 종류의 활동이든 그 대체재가 될 수 있다는 뜻이다. 신천지가 될 수도 있고, 옴진리교가 될 수도 있다. 심지어 기독교 도 될 수 있고, 막시즘도 될 수 있고, 박정희도 될 수 있고, 환단고 기가 될 수도 있다.

실제 무라카미 하루키의 조사 결과에 의하면 옴진리교의 경우 저런 식으로 '마음의 안정'을 위해 요가를 시작하고, 그 안에서 아사하라 쇼코와 옴진리교를 만나면서 모든 것이 시작된 경우가 많았다고 한다. 일단 발을 들이고 나면 계급이 높아져야 본질에 닿을 수 있다는 말을 주변인으로부터 듣게 되고, 동시에 교단 측 에서는 계급이 높아지기 위해서는 책을 많이 읽어야 한다며 교단 에서 지정한 책을 수십 권 읽히면서, 교단의 만트라 같은 것을 외 게 한다. 그 과정에서 자연스레 세뇌가 일어난다.

한편 계급이 높아질수록 커뮤니티 내부에서 지위가 높아지고 교주와의 관계도 돈독해지므로 레벨이 높은 사람들은 상대적 우 월감을, 레벨이 낮은 사람들은 상대적 박탈감과 동시에 아직 수행이 부족하다는 자괴감에 시달린다. 그렇게 모두가 '레벨업'에 신경을 쓰고, 그 과정에서 교주는 점차 신격화되고, 사람들은 무엇이 본래 목표였는지 자체를 잊어버리고 내부의 규율은 점차 망가지게 된다. 나중에는 독방에 갇히거나 이상한 비디오를 강제로 시청하거나 고문 수준의 처벌을 받더라도 '아, 이건 내가 잘못해서 생긴 일이구나'라는 생각을 하게 될 정도로 사고가 망가져 버리는 것이다.

결국 '멍청하거나', '바보'거나, '이상한' 사람이라서 빠져드는 것이 아니라, 그냥 운이 나쁘면 누구나 빠져들 수 있는 것이 사이비 종교라고 할 수 있다. 에이 설마, 다른 사람은 몰라도 난 아닐 거야, 하는 사람들도 결코 안심할 수는 없다. 세상에 대해 의문을 품은, 이른바 철학적인 사람들이 더 이렇게 되는 경향이 있기 때문이다. '더 나은 나', '달라진 나'에 대한 강한 열망을 지닌 사람일수록 이런저런 시도도 해보고, 수행도 해보고, 성찰도 하는 과정에서 잘못된 선택을 할 가능성이 오히려 높다.

불안을 견디는 내면의 힘이 필요한 시대

실제로 무라카미 하루키는 신도들을 인터뷰하다가 여러 번 섬찟함을 느꼈다고 밝힌다. '내면의 자아'를 알기 위해 소설을 쓰는 자신의 욕구와, 그들이 옴진리교에 입문하게 된 욕구가 어느 정도 맞닿아 있음을 느꼈기 때문이다. 말하자면 '자아성찰' 혹은 '내면 탐구'의 욕구가 강할수록, 그리고 그러한 욕구를 해소하기 위한 노력을 성실히 수행하는 사람일수록 저런 종교에 한번 발을 담그면 걷잡을 수 없게 된다는 것인데, 참으로 아이러니하다고 할 수 있다. 더 선량하고 정의로울수록 더욱 악의 길로 빠지기 쉽다는 사실이 말이다.

사실 이 모든 문제는 결국 인간이 불완전하고 연약한 존재이기 때문에 생겨나는 것 같다. 불안한 인간은 자신의 불안한 상태를 견디기 힘든 나머지 그걸 어떤 식으로든 해소하고 싶어 하고, '진리'와 '정답'을 알고 싶어 하는데 세상에는 그런 것이 존재하지 않으니 말이다. 그러나 존재하지 않는다는 것을 머리로는 알아도 마음은 늘 누군가 답을 알려주기를 원하는 것이 인간이다. 그래서는 안 된다는 것을 알아도 무언가에 기대고 싶어 하고, 기대버리는 것 또한 인간이다. 그러다 보면 어느 순간 '악한' 무언가와 만나게 되는 일도 벌어질 수 있는 것이다.

평소 스스로를 종교적인 사람이라고 여기지 않았던 나는 이런 이야기는 강 건너 불구경 수준으로만 생각했었다. 그런데 이 책을 통해 그들과 나 사이에 실제로는 종이 한 장 정도의 거리밖에 없다는 사실을 깨달았다. 나 역시 언제든 잘못된 길로 갈 수 있고, 나 자신이 어떤 상황에 놓였는지 알 수 없게 될 수도 있다는 것이 두렵고 무섭다.

코로나 사태를 겪으며 한국은 여러모로 큰 변화를 겪는 중이

다. 정비해야 하는 제도와 돌아봐야 하는 약자들이 많지만, 그 과
정에서 우리 마음속의 '불안'을 어떻게 다룰 것인가의 문제가 반
드시 논의되어야 한다고 본다. 앞에서 적었다시피 사이비 종교는
무엇으로든 대체될 수 있으며, 그러한 문제가 불거졌을 때 단순히
해당 단체를 강제 해산시킨다고 해결되는 것이 아니기 때문이다.

결국은 다른 무엇보다 결핍과 불안함을 견뎌내는 개개인의 내
면의 힘, 무언가에 기대고 싶은 마음을 견디는 균형감각을 갖추
는 것이 중요하다는 생각을 한다. 그게 무엇인지, 어떻게 기를 수
있는지는 나도 잘 모르겠지만.

열정은 어떻게
착취의 원료가 되는가

넷플릭스에 있는 〈타이거 킹〉이라는 다큐를 흥미롭게 보았다. 처음에는 동물농장 혹은 내셔널 지오그래픽 같은 단순한 동물 프로그램인 줄 알고 크게 끌리지 않았으나 보다 보니 인간의 복잡하고 추악하며 다양한 내면을 드러내는 작품이라는 걸 알 수 있었다.

미국의 경우 자유가 최우선의 가치인 국가답게 돈만 있으면 대부분의 활동이 가능한데, 거기에는 호랑이, 사자, 곰 같은 맹수를 기르는 것도 포함된다. 그래서 실제로 호랑이나 사자를 데려다 기르는 사람들의 숫자가 상당하다고 한다. 개중에는 그렇게 늘어난 동물들을 데리고 사설 동물원을 운영하는 이들도 있다.

이 다큐는 그런 사람들에 대한 이야기이다.

다큐멘터리를 찍고자 한 감독의 최초 의도는 가벼운 호기심이었다고 한다. 감독은 5년 전 뱀을 사러 갔다가 우연히 트럭 짐칸에 표범을 데리고 있는 사람을 보게 되었고, 대체 어떤 사람들이 야생의 맹수를 기르는가 하는 의문을 품는다. 그런데 찍다 보니 그 안에 얽힌 이야기가 그의 예상을 훨씬 뛰어넘었던 것이다. 불쌍한 동물들과, 그들을 둘러싸고 얽히고설킨 인간의 욕망과, 추악한 음모와, 권력 다툼과, 폭력과 위협과 공포.

총 7부작으로 이루어진 다큐멘터리에서 에피소드 2의 소제목은 '개인 숭배'로 사설 동물원을 운영하는 여러 운영자에 대한 이야기를 다룬다. 개중 가장 큰 동물원(호랑이만 80마리)의 소유자인 닥 앤틀은 요가에서 익힌 명상법을 통해 동물과 교감한다는 식으로 홍보하여 직원을 모집한다. 요가 명상으로 동물과 교감을 한다니! 게다가 코끼리며 사자며 호랑이 같은 신비로운 맹수들과 함께할 수 있다니! 자연과 요가를 사랑하는 젊은이라면 혹할 수밖에.

심신을 다 바쳐 지도자를 신봉하는 심리

그러나 기대에 부풀어 찾아온 젊은이들이 마주하는 현실은 참혹하기 그지없다. 숙소는 무너지기 직전인 데다가 바퀴벌레 소굴에 다름 아니다. 샌드위치를 만들어 먹으려던 식빵에서 바퀴벌레가 튀어나와도 그저 털어내고 먹어야 할 정도로 끔찍한 환경. 그럼에도 그들은 꿋꿋이 버틴다. 동물과 교감하고, 동물을 보호하고, 세상에 도움이 되고 싶다는 최초의 목적을 상기하면 이 정도쯤이야 아무것도 아니라고 넘기는 것이다. 그런 이들에게 동물원의 대표인 닥은 끊임없이 말한다. 넌 지금 형편없는 존재지만 내 말만 잘 들으면 훌륭해질 수 있어.

그렇게 꾸역꾸역 닥의 가르침을 받으며 버티던 그들은 어느 순간 닥과 육체적 관계를 맺을 경우 지위가 올라가면서 더 나은 책임과 권한을 부여받는다는 사실을 알게 되고, 유혹에 시달린다. 심지어 일부는 자신이 선택받았다는 느낌에 대단히 기뻐하는 경우까지 있다. (이것은 옴진리교의 아사하라 쇼코가 쓰던 방법과 유사하다.)

그런 과정이 반복되는 사이 대부분의 사육사는 점차 닥의 '진정한' 신봉자가 된다. 다큐멘터리에서 닥은 수십 명의 여성과 성적 관계를 맺고 있는데, 그들 모두가 스무 살, 스물한 살 무렵 닥의 동물원에 사육사로 일하러 왔다가 그러한 관계에 놓이게 되었다고 한다. 닥은 자신의 거대한 동물원 안에 집을 여러 채 지어 놓고 집집마다 애인을 넣어놓은 뒤 오래전 중국의 황제처럼 살아간다.

놀라운 사실은 그렇게 사는 여성들 대부분이 아무런 문제의식이 없으며 대개 행복해 보이기까지 한다는 것이다. 밤에는 닥에게 성적인 봉사를 하고 그 외의 시간은 동물을 위해 일하는 그녀들은 하루 16시간씩 휴일도 없이 일하면서도 일주일에 고작 100달러를 받는다. 그럼에도 대부분 불만이 별로 없다. 아마도 동물을 위해 봉사하고 있다는 신념 때문일 것이다. 그들은 말한다. "너무 힘든 거 아니냐고 생각할 수도 있겠지만 이게 제 생활 방식이고 제가 원하는 일이에요." 그들은 생각한다. 이건 자기가 선택한 것이라고. 자기는 동물들을 위해 일한다고. 자기는 행복하다고.

영웅심리와 경쟁을 부추기는 교묘한 장치

닥의 대척점에는 동물구조협회를 운영하는 캐럴 배스킨이라는 여성이 있다. 그녀는 '큰 고양이 구조대'라는 단체를 운영하는데, 닥과 같은 개인 사업자가 소유한 동물을 구출하는 일을 한다(고 주장한다). 그녀는 닥과 같은 인물을 끊임없이 고발하고, 사람들에게 동물을 구조해달라고 호소하며, 동물 보호의 중요성을 역설하는 활동을 해오고 있다.

캐럴 배스킨은 닥과 같은 인물은 컬트 종교의 교주나 다름없다고 비판하면서 말한다. 동물을 이용하는 사람은 동물을 미끼로 이용하곤 한다고. 여기 걸려드는 젊은 사람들은 인간관계 경험이 부족한 경우가 많아서 자기가 얼마나 심하게 학대받고 있는지 모른다고. 그들은 동물을 이용해 이런 젊은 사람들에게 강제 노역을 시킨다고.

재미있는 건 이렇게 말하는 캐럴 배스킨 역시 자기를 위해 일하는 사람들한테 정당한 임금을 지급하지 않고 있다는 사실이다. 그녀는 구출한 동물들을 자기가 소유한 부지에서 보호하는데, 말만 보호지 사실상 우리 안에 가둬놓고 있는 것이나 마찬가지인 상황이다. 관리도 거의 해주지 않아 동물들은 닥이 운영하는 곳보다 더 열악한 환경에서 생활한다. 이런 환경에서 그녀는 심지어 입장료를 받고 사람들에게 동물을 보여주며, 기념품 가게까지 운영하고, 그에 필요한 노동력은 모조리 자원봉사에서 충당한다.

페이스북 팔로워가 200만 명에 달하는 SNS 스타 캐럴의 눈에 띄고 싶어하는 사람, 학대당한 동물을 보살피고 싶어하는 사람은 수없이 많고, 캐럴은 아무런 부담 없이 그들의 노동을 손쉽게 이용한다. 심지어는 아주 정교하고 영리한 계급 장치까지 만들어 그들의 경쟁심과 영웅심리를 부추기기까지 한다.

캐럴의 보호소에서 봉사를 하려면 우선 돈을 내고 동물 보호 교육을 수료해야 하는데, 교육을 수료한 사람만이 노란색 티셔츠를 구매해서 입고 봉사 활동을 할 수 있다. 노란색 티셔츠를 1년간 입은 사람만이 빨간색 티셔츠를 구매할 수 있고, 빨간색을 1년간 입은 뒤에야 녹색을 구매할 수 있다. 그러므로 녹색은 최소 2년 이상 활동을 했다는 증거로서 이 색상의 티셔츠를 입은 사람들의 자부심은 영상으로만 봐도 대단한 수준이다. 그렇게 5년이 지나면 마스터가 되어 남색 티셔츠를 입을 자격이 주어진다.

동물을 사랑한다고 하지만 누구보다 동물을 착취하는 사람들이 있고, 그런 사람들에게 현혹되어 정신과 육체가 종속당하면서도 그에 대한 인식이 전혀 없는 사람들이 있고, 그런 사람들끼리 서로를 비방하며 자신이야말로 진짜라고 우기고 있다. 출연진 모두 서로에 대한 엄청난 비방과 비판을 일삼는데 그 말이 그들 본인에 대한 남들의 비난과 정확히 일치한다는 게 참으로 아이러니한 부분이다. 그런 와중에 이랬거나 저랬거나 동물들은 이용만 당하다 죽고. 이 다큐멘터리가 은유하는 것은 그야말로 현대 사회 그 자체라고 할 수 있다.

결국 욕망의 문제

예전에는 이런 문제를 사악한 인간 한두 명의 문제라고 생각하곤 했다. 남을 조종하고 다루는 데 능한 사람들이 판을 짜서 계획적으로 타인을 착취하는 것이라고. 그러나 최근에 이르러 결국 본질은 욕망의 문제라는 생각을 한다. 권력은 균등하지 않고 필연적으로 불공평함을 낳는다. 불공평한 권력을 두고 인간은 욕망을 가지게 된다. 남보다 더 나아지고 싶고, 남보다 더 뛰어나고 싶고, 남보다 더 인정받고 싶고, 남보다 더 눈에 띄고 싶은 마음들. 그러다 보면 자칫 사악한 사람들의 손에 이용당하게 되는 일도 생기는 것이다.

　실제로 다큐에서 캐럴은 웃으면서 말한다. 찾아오는 사람들이 너무 많아서 일일이 기억을 못하는데, 5년쯤 지나면 "아, 너 좀 자주 보인다" 이런 말을 하곤 한다고. 공짜로 도와주겠다는 사람이 많아서 거절하지 않는 것뿐이라고.

인간은 강하지만 연약하고, 인간의 마음은 그만큼 자주 흔들린다. 삶은 결코 쉽지 않다. 다큐멘터리를 보는 동안 나는 이와이 슌지 감독의 〈립반윙클의 신부〉 속 대사를 자주 떠올렸다.

"당신이 저한테 빠진다면, 그건 제 탓이 아닙니다. 본인 스스로 빠져드는 거니까요."

"누군가에게 기대고 싶다거나, 마음이 안 채워진다거나, 그런 느낌을 조심하셔야 합니다."

우리는 왜 자꾸
흑백논리에 끌리는가

맨부커 수상작인 리처드 플래너건의 소설 《먼 북으로 가는 좁은 길》은 2차 세계 대전 당시 태국-미얀마 사이를 잇는 철도를 건설하기 위해 노역하던 전쟁포로의 삶을 다룬다. 소설 속에서 지배자는 동양인인 일본인, 피지배자는 서양인이라는 점이 기존의 많은 전쟁 서사와 다른 점이라고 할 수 있다. 한 가지 특이점은 소설 속에 한국인 캐릭터도 등장한다는 것인데, 우와, 세계적으로 유명한 소설에 한국인이 등장한다니! 하고 자부심에 취하기는 아직 이르다.

전쟁 포로의 삶이 참혹한 것이야 더 말할 필요도 없는 일이지만, 그들 사이에서도 하사 고아나는 유난히 악명이 높다. 위에서 내려온 명령을 수행하는 데 조금의 주저함도 없는 고아나는 포로들을 거침없이 구타하고 고문한다. 그런 고아나는 훗날 전쟁이 끝나자 상관들의 죄까지 모두 뒤집어쓴 채 전범재판의 법정에 서게 되는데, 바로 그 순간 그의 본명이 밝혀진다. 고아나의 진짜 이름은 최상민, 즉 악독하기 그지없었던 일본인 하사의 정체가 다름 아닌 식민지 조선에서 차출된 조선인이었던 것이다. 위에서 명령을 내리던 상급 장교들이 죄다 일본으로 돌아가 멀쩡하게 살아가는 동안, 그들의 명령을 수행한 최상민은 교수형에 처해진다.

최상민에 관한 대목을 읽으면서 이창동 감독의 영화 〈박하사탕〉을 떠올렸다. 영화 〈박하사탕〉은 주인공 영호가 달리는 기차에 뛰어들어 자살하는 장면부터 시작하여 시간을 역순으로 거슬러 올라간다. 온갖 폭력과 기행을 일삼는 영호의 행동을 보며 눈살을 찌푸리던 관객은, 그가 젊은 시절 군생활을 하던 당시 80년 5월 광주에 투입되었고, 그곳에서 명령을 수행하던 중에 사람을 죽이게 되었고, 그때부터 정신이 점차 망가졌다는 사실을 알게된다. 한때 잔디밭에 앉아 기타를 치며 노래를 부르던 순수한 청년이 트라우마로 인해 악독한 고문을 일삼는 형사가 되고, 결국은 그것을 견디다 못해 자살하는 삶.

세상은 선과 악으로 명쾌하게 나뉘지 않는다

여기에서 질문을 하나 던지고 싶다. 플래너건의 소설 속 최상민은 피해자일까 아니면 가해자일까. 참고로 소설 속 최상민의 비중은 아주 적다. 그가 일본 군대에 강제로 차출되었는지, 자발적으로 지원했는지조차 드러나지 않는다. 그러나 그가 구조적으로 전쟁의 피해자였다는 것을 이야기할 때 자발인지 강제인지의 여부에 차이가 있을까? 최상민에게 다른 선택지가 있었는지, 명령을 거부할 방안이 있었는지는 아무도 모르는 일이다. 있었다고 한들 최상민이 홀로 교수형을 당한 것은 사실이다. 동시에 그가 무조건 구조의 피해자라고만 할 수도 없는 노릇이다. 실제로 포로들을 대상으로 폭력과 고문을 행한 것은 다름 아닌 그 자신이었으므로.

〈박하사탕〉의 영호 역시 마찬가지이다. 영호는 피해자일까, 가해자일까. 영호 또한 본인의 의사와 관계없이 5월의 광주로 투입되어 부당한 명령을 받았다. 그러나, 그렇다고 하여 그가 사람을 죽인 사실이 사라지지는 않는다. 형사로 일하던 당시 피의자들을 고문한 사실과 망나니처럼 살았던 세월 또한 지워지지 않는다. 그런 영호를 우리는 어떻게 바라보아야 할까.

소설 《먼 북으로 가는 좁은 길》과 영화 〈박하사탕〉을 보는 괴로움이 여기에서 나온다. 선과 악, 가해자와 피해자가 뚜렷하게 구분된 세상에서는 불편함이 없다. 선을 칭송하고 악을 처단하면 되는 일이다. 그러나 최상민과 영호의 사례만 보더라도 세상은 그렇게 단순하지 않다. 이처럼 분열되지 않은 세계를 바라보는 과정에서 독자와 관객은 심리적인 갈등을 체험하게 되고, 여기에 '이야기'의 의의가 있다.

집단에게는 외부의 악이 필요하다

임지현의《기억 전쟁》은 복잡하게 얽힌 피해와 가해의 경험을 어떻게 바라볼 것인가를 다루는 책이다. 저자는 각자가 처한 위치와 상황에 따라 같은 사건을 두고도 얼마나 다른 시각을 가질 수 있는지에 대해, 인류가 얼마나 자기중심적인 존재인지에 대해 이야기한다. 인류의 트라우마가 되다시피 한 주요한 비극을 둘러싼 담론을 통해 역사란 반복을 거듭한다는 사실을, 집단이란 얼마나 배타적이고 이기적인 존재인지를 보여준다.

일례로 홀로코스트의 참담함을 알고 있는 유대인들이 팔레스타인에 대해서는 아주 무자비할 수도 있다는 것, 수많은 베트남 시민을 죽이고 여성을 강간한 이력이 있는 한국인들이 오로지 일본에 대해서만 핏대를 세우고 비판하고 있다는 것, 한국을 비롯하여 동아시아를 압제했던 일본이 그런 기억은 부정한 채로 원폭의 피해자성만 호소하는 현상 등등을 보다 보면, 저러한 모습이 비단 한 국가만의 문제라든가, 개개인의 인성 문제가 아니라 인간과 집단의 보편적인 특성이라는 것을 알게 되는 것이다.

그럼에도 세계는 늘 민족과 집단을 강조한다. 히틀러와 나치가 유난히 사악했던 것이라고, 스탈린이 나쁜 놈이었다고, 일본은 상종 못할 악랄한 민족이라고 말이다. 사실 이해가 안 가는 것도 아니다. 앞서 이야기했듯이 선악이 불분명한 세계는 두렵고, 무섭고, 불안하기 때문이다. 엄청난 악을 저지른 사람이 나와 내 가족과 내 친구와 같은 보통 사람이라는 것을 어떻게 자연스럽게 받아들일 수 있겠는가. 그러므로 인간의 인지 시스템은 자신이 안전하다는 것을 믿기 위해 시선을 외부로 돌릴 수 있도록, 외부의 '악'이 우리를 망쳤다고 믿도록, 끊임없이 공공의 적을 만들고 집단을 단속하는 것이다.

사람은 단순하면서도 복잡하다

사실 한국만 하더라도 그렇다. 일본군 위안부에 대해서는 엄청난 분노를 보이지만, 정확히 같은 시스템으로 전개되었다는 국내의 '기지촌 성매매 여성'에 대해 관심을 갖는 이는 놀랍도록 드물다. 일본군 위안부의 경우 '꽃'과 같은 우리의 '소녀들'이 사악한 일본인들에게 '겁탈'당한 사건이라면, 기지촌 성매매 여성은 그저 '성매매 여성들'이 우리의 우방인 미국인에게 '몸을 팔다가' 조금 고생한 이야기가 되고 마는 것이다.

이런 이야기를 하면 어떤 이들은 기지촌 성매매 여성의 피해 사실을 옹호할 경우 일본군 위안부를 둘러싼 담론이 흐려진다며 격렬히 항의하기도 한다. 이처럼 약자들이 서로의 피해자성을 두고 경쟁하다시피 하는 것은 세계적으로도 드문 일이 아니다. 동유럽에서는 홀로코스트에 대한 이야기가 스탈린 압제의 기억을 분산시킨다고 항의하는 목소리가 높았다고 한다. 오늘날 노동운동에는 목소리를 높이는 이들이 여성운동을 하는 사람들을 비판하고 공격하는 것, 해일이 오는데 조개나 줍느냐는 주장 역시 비슷한 현상이다.

그러나 책에 등장하는 여러 사례가 보여주다시피 아픈 기억과 역사는 이기고 지는 제로섬 게임이 아니며 서로 연대가 필요한 부분이다. 어느 한쪽을 강조한다고 해서 다른 한쪽의 기억이 지워지지 않는다. 우리가 스스로의 아픔만을 주목하고 강조하기 위해 타자의 아픔을 무시하지 않고, 자신의 아픔을 바탕으로 타자의 아픔까지 더 잘 이해하고 공감할 수 있을 때 진정한 연대가 이루어지고, 그럼으로써 아픈 과거가 반복되지 않을 수 있을 것이다. 누구나 가해자인 동시에 피해자가 될 수 있다.

얼마 안 되는 시간이지만, 살면서 늘 느끼는 것은, 세상에는 뚜렷하고 분명한 것이 생각보다 상당히 드물다는 사실이다. 선과 악, 흑과 백, 명과 암으로 명확하게 나뉘는 것이 거의 없다. 한 가지 사건에 때로 수백 가지의 맥락이 얽혀 있기도 하고, 한 줄로 축약되는 역사는 사람에 따라 수천수만 가지의 서사를 갖기도 한다. 그렇기 때문에 어떤 사건과 현상에 대해 입체적인 시야를 갖는 것은 굉장히 중요하다는 생각을 한다. 세상은 단순하지 않다.

불행 배틀을 넘어서

히어로물을 그다지 좋아하지 않는다. 게다가 다크 나이트 시리즈를 제대로 보지 않았다. 그래서 〈조커〉는 본래 볼 마음이 없던 영화였다. 그런데 지켜보다 보니 영화 자체보다 영화를 둘러싼 반응들이 굉장히 흥미롭다는 사실을 알게 되었다. 지질한 범죄자의 논리를 정당화하는 영화 따위 절대 보지 않겠다고 미리부터 선언하는 이들이 있는가 하면, 주인공 조커에 극도로 공감하며 찬사를 연발하는 사람들이 있었다. 한편으로는 너무나 불쾌하고 불편한 영화였다는 의견도 많았다.

이쯤 되니 궁금해졌다. 대체 왜 저렇게 상반된 반응이 나오는지 확인하고픈 욕망이 생겨났다. 배트맨 시리즈에 등장하는 악역 중 하나인 조커가 '왜' 조커가 되었는지를 설명하는 영화라는 이야기를 듣고, 가난하고 힘없는 청년이 사회와 주변으로부터 얼마나 핍박받고 무시당하는지에 대한 상세한 묘사가 이어지리란 예상을 했으면서도 결국 극장으로 향한 것은 그 때문이었다.

결론부터 말하자면 나쁘지 않았다. 영화의 만듦새, 영상, 음악, 모두 적절한 균형을 이루고 있었고, 나름 흥미롭게 볼 수 있었다. 주인공 호아킨 피닉스의 연기야 더할 나위가 없었고 말이다. 그런데 영화를 보고 나니 영화에 대한 각자 다른 해석과 비판이 더욱 재미있다는 생각이 들었다.

조커에 열광하는 심리

영화 〈조커〉를 보는 동안 관객들은 납득하게 된다. '일베'가 왜 '일베'가 되었는가에 대하여. 인물이 어찌하여 그런 상황에 처하게 되었는지, 무엇을 느꼈는지, 수많은 선택지 중에 유독 그것을 택하게 된 계기와 동기는 무엇이었는지 등등. 그런 면에서 사회로부터 버림받거나 소외당했다고 느낀 이들이 이 영화에 열광하는 마음을 이해할 수 있었다.

가정에서는 학대를 당하고, 사회에서는 버림받고, 동료에게는 무시를 당하고, 권력이 있는 자들은 가만히 있는 자신에게 폭력과 억압을 가하고, 호의가 악의로 돌아오는 어떤 상황들. 나는 단지 호감을 표현했을 뿐인데 그것을 상대는 공포로 받아들일 때의 분노와 억울함. 평범하고 싶어서 안간힘을 써도 매번 실패하고 말 때 겪는 좌절.

물론 이것이 윤리적으로 정당하다는 이야기는 아니다. 사회적으로 억압당한다고 모두가 사람을 죽이고 폭동을 일으키지는 않는다. 세상이 악으로만 가득한가 하면 역시 그렇지는 않다. 더구나 억압당하는 것으로 묘사되는 개인이 완벽하게 순결하고 무고하냐고 묻는다면 그 또한 아니다. 그러나 이는 어쩔 수 없는 부분이다. 모든 '이야기'는 어차피 개별 인물에 대한 서사이자 변명일 수밖에 없기 때문이다.

따라서 이 영화가 사회적 억압이 악을 탄생시키는 것처럼 묘사해서 불편하다거나, 소위 말하는 인셀(incel)*과 범죄자의 자기변명이라는 비판은 따지고 보면 틀린 말은 아니지만 처음부터 타

---

* '비자발적 독신주의자(involuntary celibate)'의 약자로, 여성 혐오자라는 뜻으로도 사용된다. 2014년 미국에서 발생한 충격 살해범 엘리엇 로저가 자신의 구애를 거부한 여성에게 분노를 표시하면서 온라인상에서 사용했던 용어로 알려져 있다. 당시 22세의 대학생이었던 로저는 미국 샌타바버러의 캘리포니아대학 주변에서 총기를 난사했고, 이로 인해 6명이 사망했다.

한편, 2018년 4월 캐나다 토론토 번화가에서 렌트한 차량을 몰고 인도로 돌진해 10명을 살해한 알렉 미나시안이 범행 직전 페이스북에, 2014년 미국에서 발생한 총격 살해범 엘리엇 로저를 최고의 신사라고 지칭하면서 "인셀(Incel)의 반란이 이미 시작됐다."는 내용을 올린 것으로 알려졌다. 이처럼 자신을 거절한 여성에 대한 혐오가 실제 범죄로까지 이어지면서 인셀을 하나의 '사회현상'으로 다뤄야 한다는 목소리가 높아졌다.

[네이버 지식백과] 인셀 (시사상식사전, pmg 지식엔진연구소)

당하지 않다. 물론 변명과 자기방어가 지나치면 균형이 무너질 수밖에 없지만, 어쨌든 모든 이야기는 기본적으로 주인공의 서사에 집중할 수밖에 없는 것이다.

흥미로운 것은 〈조커〉에 매우 큰 공감을 표현하는 사람 중 적지 않은 이가 비슷한 시기에 개봉했던 영화 〈82년생 김지영〉에 대해서는 매우 비판적인 태도를 보였다는 부분이다. 〈82년생 김지영〉 역시 이야기를 전개하는 기본 구조는 〈조커〉와 비슷하다. 현존하는 개인을 둘러싸고 사방에서 가해지는 구조적인 압력을 조망한다.

그럼에도 조커에 완벽하게 공감하고 감정을 이입했던 이들이 김지영에 대해서는 전혀 납득하지 못했던 것이다. 물론 김지영을 이해하는 사람 중에도 조커를 이해하지 못하는 이들이 많았고 말이다. 결국 나는 조커를 둘러싼 이 상반된 반응의 원인은 모두가 일종의 '불행 배틀'을 벌이고 있기 때문인 것으로 보았다. 힘드냐? 나는(혹은 걔는) 더 힘들다.

힘드냐? 나는 더 힘들다

그러고 보니 얼마 전에 큰아이가 이런 말을 했다. "엄마는 좋겠다."“왜?" 하고 물어보니 아이는 대답했다. "어른이니까. 나도 빨리 어른이 되면 좋겠어." 어째서 어른이 되고 싶냐고, 어린이로 지내는 것이 좋지 않냐고 되묻자 아이는 다시금 주먹을 불끈 쥐고 외쳤다. "엄마는 어린이가 얼마나 힘든 줄 알기나 해?"

이게 무슨 말이람. 어른이 되면 고민할 것과 해야 할 일이 얼마나 많은데. 그래서 웃으면서 네가 아직 뭘 몰라서 그렇다고, 이 엄마는 다시 어린이가 되고 싶다고, 지금이 행복한 줄 알라고 타이르려다가 문득 멈칫했다. 내가 정말로 어린이로 돌아가고 싶었던 적이 있던가? 어른이 된 지금보다 어릴 때가 더 행복했던가?

갑자기 지난 세월이 주마등처럼 스쳐 지나갔다. 먹고, 자고, 놀기만 하면 되니 객관적인 기준에서 지금보다 행복해야 마땅하던 시절. 그러나 그렇게 보낸 시간이 마냥 즐겁기만 했는가 하면, 정말로 아무런 걱정과 고민이 없었는가 하면 사실 그렇지는 않았던 것이다.

텅 빈 집에서 부모님을 기다리며 도무지 움직이지 않는 것 같은 시곗바늘을 몇 번씩 확인해 봤던 기억과, 나의 의사로 할 수 있는 것은 아무것도 없음을 확인하고 절망하던 시간과, 친구들로부터 따돌림을 당한 뒤 그저 간신히 버텨내던 나날과, 스승의날 선물이 마음에 들지 않는다고 호출한 선생님에게 방과 후에 한참 동안 혼이 났던 기억들.

물론 지금 돌이켜보면 아무것도 아니라는 사실을 알고 있다. 목숨을 위협할 만큼 심각한 사건도, 먹고사는 문제와 관계가 있는 일도 아니었으므로. 누구나 경험했을 법한 흔한 일일지도 모른다. 그러나 감정적인 타격에 있어서만큼은 성인이 된 후 겪었던 괴로움이나 고통과 크게 다르지 않았던 것 같다. 삶은 어떤 형태로든 우리를 힘들게 만든다. 그저 편하고 녹록하기만 한 인생은 없다.

그럼에도 우리 사회는 누군가 고충을 토로하면 그것을 듣고 이해하기 이전에 객관적인 기준에서 충분히 힘들 만한지, 혹시 더 힘든 사람이 있지는 않은지 우선 판가름하고 따지는 것만 같다. '너 힘들다고? 나는 더 힘들어. 우리 전부 다 힘드니까 징징대지 마. 예전에는 더 힘들었어, 지금은 많이 좋아진 거야' 하는 식으로 말이다.

하지만 이러한 불행 배틀은 결국 모두가 패배하고 누구도 승리할 수 없는 싸움이다. 나보다 더 힘든 사람은 지구 어딘가에는 반드시 있기 마련이고, 그러다 보면 결국 누구의 고통도 이야기할 수 없게 된다. 사실 조커만 하더라도 누군가가 보기에는 전혀 불쌍하지 않은 삶일지도 모른다. 전쟁이 일어난 지역의 거주자나 졸지에 큰 사고를 당해 목숨을 잃을 위기에 처한 사람과 비교해보면 조커의 삶은 전혀 힘들고 불행한 것이 아닐 수 있다.

그들 입장에서는 조커 역시 엄살을 피우는 것처럼 보일 수 있다. 큰 집도 있고, TV도 두 대나 있고, 직장도 있고, 무엇보다 빚도 없고, 도박이나 약물 중독도 없고, 가족도 있고, 별다른 재능도 없는 처지에 TV에 나갈 기회까지 얻었는데, 이처럼 운이 좋은 사람이 대체 무엇이 불행하다는 것인지, 하면서 말이다. 여기서 뭘 더 어쩌라고? 좋아하는 사람과 이루어지지 못하는 좌절감과 자아실현 욕구까지 사회가 책임지란 말이냐? 하는 질문을 던질지도 모른다.

하지만 영화 〈조커〉를 본 사람들은, 그리고 조커에 어느 한순간이라도 공감한 사람들은 이러한 질문이 얼마나 터무니없는지 안다. 물론 전쟁이 일어난 지역에 사는 사람보다는, 사고로 큰 재해를 입은 사람보다는 '덜' 불행하겠지만, 그렇다고 조커의 삶이 행복하다고는 결코 말할 수 없다.

그럼에도 불구하고 사람들 사이에서 이런 반응이 자주 나오는 것은 인간이 기본적으로는 자기밖에 모르기 때문이다. 남이 겪는 큰 불행과 고통보다 당장 내 손끝에 박힌 가시가 훨씬 생생하게 아프다. 따라서 남이 힘들다는 소리는 나약한 인간의 한낱 투정이자 변명, 나의 이야기는 약자의 정당한 서사가 될 수밖에 없는 것이다.

나보다 더 불행한 사람이 있다는 것이 나의 행복을 증명해주지는 않는다. 더 심한 폭력과 고통이 존재한다는 것이 내가 현재 겪고 있는 고통을 아무것도 아닌 것으로 만들 수는 없다. 모든 고통에는 맥락이 있으며, 우리는 모두 다른 방식으로 힘든 시간을 보낸다. 고통의 경중이나 우열을 따지기 전에 그 맥락을 이해하고 인정할 때, 그때서야 우리는 더 나은 세계로 나아갈 수 있다.

그러니 위선자라'도' 되어야 한다

사회적으로 명망이 높은 이의 부정이 발견되면 사람들은 더욱 분노하는 모습을 보인다. 역시 깨끗한 척할수록 속은 더 시커멓다느니, 세상에 믿을 놈 하나도 없다느니, 바른 말 하는 사람일수록 의심해야 한다느니 하면서 말이다. 진보 정권 하에서는 이와 같은 여론이 늘 우세했던 것 같다. 도덕성을 강조하는 진보의 특성상 도덕성이 시험대 위에 오를 때가 많았고, 그럴 때마다 의도적으로 혹은 무심결에 지지른 불법 혹은 편법적 행위가 발각되는 경우가 많았다. 당연히 사람들의 분노와 실망은 끊이질 않았다.

이런 경우 사람들은 보수 정권 하에서보다 훨씬 더 크게 분노하곤 했는데, 이런 반응은 사실 자연스럽다. 아마 기대가 배반당했을 때의 충격이 더 크기 때문일 것이다. 더불어 그간 자신을 불편하게 만든 것에 대한 분노가 더해졌을 것이다. 그러니까, 평소에 깨끗한 척은 혼자 다 하고 다니더니만, 그리하여 나에게 죄책감과 열등감을 느끼게 만들고 나를 부끄럽게 만들더니만, 그렇게 나를 '불편하게' 만들어 놓고선, 본인은 뒤에서 할 거 다 하고 있었던 이야기 아냐! 아마도 이런 마음이지 싶다.

그러면서 사람들은 이야기하곤 한다. 차라리 위악이 위선보다 낫다고. 위선이 위악보다 비난받는 것은 당연하다고. 위선자는 좋은 이미지를 통해 평소 반사적인 이득을 보았으니, 그 이미지가 사실이 아니라는 것이 증명되었을 때 기존에 누리던 것까지 모조리 회수되어야 마땅하다고. 그런 만큼 위악 이상으로 더욱 호된 비난을 가해야 한다고. 자신은 위선자가 되느니 차라리 위악을 택하겠다고.

이때의 위악은 '짐짓 악한 체를 한다'는 사전적 의미에 더해 '욕망을 솔직하게 드러내는' 혹은 '본능에 충실한' 태도를 의미하는 방식으로 통용되고 있는 듯하다. 보다 구체적으로는 '진정으로' 착한 사람이 될 수 없을 바에야 스스로의 악함을 마음껏 드러내는 사람 쪽이 낫다는 의미로 사용되고 있는 것이다. 실제 속마음이 그렇지 않은데 짐짓 억지로 꾸며낼 바에야 내면의 욕망을 솔직하게 드러내는 편이 낫다고 생각하는 모양이다. 그럴 경우 배신당하거나 속을 위험 자체가 없다는 생각에서인 듯하다.

위악보다는 위선이 낫다

나 역시 위선자의 진실이 밝혀졌을 때 분노한 경험이 있기에 이러한 반응에 심정적으로는 공감한다. 하지만 결론적으로는 동의할 수 없다. 위선에 더욱 분노하게 되는 자연스러운 심경과는 별개로, 위악보다 위선에 '더' 분노하는 것은 옳지 못하다고 여긴다. 그럴 경우 향후 위선자로 판명될 위험을 감수하면서까지 선을 추구하려는 이들은 줄어들 수밖에 없는데, 결과만을 놓고 따지자면 위악보다는 위선이 훨씬 더 공동체에 좋은 영향을 미치기 때문이다. 위악을 추구하는 사람보다 위선을 추구하는 사람이 많은 사회가 훨씬 더 건강하고 살기 좋은 곳이기 때문이다.

위선은 그 속내가 거짓일지언정 적어도 무엇이 옳은가에 대한 기준은 공유하고 있다. 약자와 소수자를 보호해야 하고, 부의 균등한 분배를 추구하고, 환경을 보호해야 한다는, 인간뿐만 아니라 이 세상 모든 생명체가 소중하다는, 설령 진심이 아닌 허울뿐인 '말'들일망정, 무엇이 공동체를 위해 더 나은가에 대해 고민한다. 인간의 본성에 악한 면이 있다는 사실을 인정할지언정, 그것을 완벽히 다스리는 것이 불가능할망정, 적어도 그를 위한 노력을 촉구한다. 본성을 억누를 수 있는 방법을 연구한다.

반면 위악은 그렇지 않다. 위악은 인간의 본성, 내재해 있는 이기심과 폭력성을 어쩔 수 없는 것으로 여기고 적극적으로 추구한다. 애초 출발 단계에서부터 '선'을 포기하겠다고 선언한다. 결국 위악적인 세계관 안에서 약자와 소수자, 인간이 아닌 수많은 생명은 점차 입지가 좁아질 수밖에 없으며, 사람들은 장기적인 관점에서의 더 나은 미래 대신 지금 당장 손에 쥘 수 있는 무언가를 원하게 된다. 세상은 각자도생의 공간이 되며 공동체는 점차 파괴되는 수순을 밟는다.

　사람들은 흔히 불법이나 편법이나! 혹은 위선이나 위악이나! 라고 외치지만 단연코 불법이 편법보다 나쁘다. 위악이 위선보다 나쁘다. 이는 편법을 저지른 인물이나 위선 자체를 긍정하려는 것도, 옹호하려는 이야기도 아니다. 당연히 위선은 옳지 않다. 우리는 궁극적으로 선을 추구해야 마땅하며, 공동체가 더 나은 방향으로 나아갈 수 있도록 노력해야 한다. 위선은 어느 때고 경계해야 하며, 위선자 또한 비판받아야 마땅하다. 문제는 선과 위선의 경계를 긋는 것이 결코 쉽지 않다는 사실이다. 사람은 사는 동안 수없이 많은 선택의 순간을 마주하고, 그럴 때마다 자신의 민낯과 함께 갈등과 번민에 빠지게 된다.

선한 이야기가 더 많이 필요하다.
인간이 선하지 않으므로

몇 년 전 소설 쓰기를 배우러 다닐 때 3개월간의 수업이 끝나고 처음이자 마지막으로 다 같이 다과를 먹으면서 이런저런 대화를 나누었는데, 최근 몇 년간 이어진 피씨(PC), 즉 정치적 올바름을 강조하는 분위기에 대한 이야기가 나왔다.

그날 선생님은 요즘의 피씨 강박주의가 마음에 들지 않는다고 말했다. 최근에는 세상살이가 워낙 팍팍하다 보니 소위 말하는 '착한 소설'이 인기를 끄는 것 같다면서, 이런 소설을 읽는 사람들의 마음도 이해는 하지만, 언피씨한 것을 지적하는 이들의 의견 또한 납득은 하지만, 근본적으로는 예술의 폭을 더 키우지 못하고 위축시키는 것 같다는 이야기를 했다. 애초에 인간은 선량해지는 것이 불가능한데 나쁜 모습을 지적할수록 개선되는 게 아니라 아예 숨어버린다는 것이 선생님의 의견이었다.

나 역시 선생님의 의견에 동의하는 부분이 있다. 노래의 가사한 줄, 만화의 장면 하나로 해당 작품을 판단하는 것은 옳지 않다고 여긴다. 한 가지 장면, 한 가지 대사, 한 가지 멘트만으로 해당노래를, 해당 작품을, 해당 인물을 '삭제'해서는 안 되며 그럴 수도 없다고 생각한다.

그러나 어떤 장면이나 요소에 대한 논쟁이나 토론은 필요하다고 여기기도 한다. 논란을 통해 우리가 앞으로 더 나아갈 수 있다고 믿는다. 더불어 우리에게는 더 많은 '착한' 이야기가 필요하다는 생각도 하고 있다. 나 또한 인간이 선하다고 생각하진 않는다. 차라리 악할 때가 더 많다는 것을 알고 있다. 그러나 나는, 그렇기때문에 오히려 인간의 선함을 믿는 이야기가 더 많이 필요하다고믿는다.

몸을 치장하듯 마음도 치장이 필요하다

세상에는 절대적으로 흉악하기만 한 사람도, 절대적으로 선량한 사람도 없다. 대부분은 선하지도 악하지도 않다. 자신의 필요에 따라 그때그때 다르게 움직일 뿐이다. 그렇기 때문에 인간의 마음은 늘 유동적이다. 어떤 불의의 상황을 두고서도 늘 망설이고 고민한다. 이때 자신뿐만 아니라 남들이 어떤 생각을 하고 있는지가 영향을 미친다. 모두 사악하기만 하다면 나 역시 더 이상 선량해질 이유도 필요도 없다. 그저 각자도생 이전투구 야생과 같이 살아가면 된다.

그러나, 저 멀리 어딘가, 보이지 않는 곳에 선한 마음들이 숨어 있을지 모른다는 생각을 하게 되면 인간은 망설인다. 그리고 고민한다. 자신 안에 들어 있을지 모르는 선량함에 대해 생각한다. 그렇기 때문에 우리가 선량해지기 위해서는 서로를 믿는 마음이 필요하다. 하지만 인간은 약하므로 이 믿음은 매우 부서지기 쉽고, 누군가는 사람들이 서로를 믿을 수 있도록, 마음 깊은 곳에 여전히 어떤 의지가 남아 있다는 것을 끊임없이 떠들어서 알려줘야 한다. 착한 이야기가 바로 그러한 증거가 된다. 이는 인간을 마냥 순수하고 선량하기만 한 존재로 그려내는 이야기와는 다르다. 악해질 수 있는 가능성 앞에서 갈등하는 것, 유혹에 흔들리고 고민하고 번뇌하면서도 끝끝내 저항하려 애쓰는 것, 그것이 바로 내가 생각하는 '착한' 이야기다.

위선에 대한 문제 역시 마찬가지다. 아무리 몇십 년을 공동체를 위해 헌신해온 사람이라 할지라도, 젊어서 열정적으로 정의를 위해 싸워온 사람이라 할지라도, 사람이란 어쨌든 사람이기 때문에 정말이지 한순간에 무너질 수 있는 존재인 것이다. 아주 사소한 기회로, 아주 작은 유혹으로 너무도 쉽게 추락할 수 있는 것이다. 그러니까 딱히 '위선적인' 인물이 아니라 진짜로 '선'을 추구하는 인물이었다고 할지라도, 사람은 어차피 사람에 불과하다. 애초에 '선'을 외치는 사람이라고 하여 딱히 그 사람 자체가 더 훌륭하거나 선량하거나 성품이 좋다거나 그런 기대를 해선 안 된다는 얘기다.

사람을 벗겨놓고 보면 대개 비슷한 모습을 하고 있다. 다 똑같은 알몸. 그렇지만 모두 똑같다고 옷을 벗고 다니지는 않지 않나. 인간의 내면 역시 결국 인간에 불과할 따름이지만 그걸 어떤 식으로든 치장을 할 수는 있다고 생각한다. 결과적으로 그렇게 치장한 마음들은 공동체에 도움이 된다. 그게 진심이든 아니든. 그러니 선인이 될 수 없다면 적어도 위선자라'도' 되어야 하는 것이다. 위악보다는 위선이 언제나 더 낫다.

가짜 뉴스 전성시대

작년 이맘때 페이스북에서 꽤나 놀라운 게시물을 봤다. 페이스북 친구 중 한 명이 미국에서 엽기적인 일이 발생했다며, 클린턴 전 대통령, 빌 게이츠, 그리고 할리우드 배우들이 소아성애 및 사탄 종교의식에 연루된 것 같다는 포스팅을 한 것이다. 쇼킹한 뉴스인만큼 댓글이 줄줄이 달렸다. "어디서 보셨어요?", "진짜예요?" 등등. 그러자 원글 작성자는 이미 트럼프가 수사까지 지시했다는 코멘트와 함께 기사 하나를 링크했다. 읽어보니 포스팅 내용과는 크게 관계없는, 모 유명인이 투옥 중 사망했다는 소식이었다.

당연히 헛소문일 게 뻔했는데, 그럼에도 불구하고 당시 그 상황이 매우 흥미로웠던 이유는 가짜 뉴스가 만들어지고 전파되는 과정을 생생하게 지켜볼 수 있었기 때문이다. 아, 누군가는 이걸 진짜로 믿겠구나. 그리고서 어딘가 퍼다 나르고, 그걸 또 누군가 믿으면 그게 가짜 뉴스가 되겠구나. 물론 원글 작성자가 일부러 가짜 뉴스를 퍼트리기 위해 그런 게시물을 올렸다고 생각하진 않는다. 그저 단순하게 매우 흥미롭고 자극적인 소식, 즉 '좋아요'를 받기 용이하다고 판단하여 가져왔을 것이다. 그리고 거기에 바로 가짜 뉴스의 비밀이 있다. '흥미', '재미', '자극'.

리 매킨타이어의 《포스트 트루스》는 탈진실과 가짜 뉴스를 다루는 책이다. 가짜 뉴스의 정의, 가짜 뉴스가 생산되고 유통되는 과정에 대해 이야기한다. 그러면서 왜 사람들이 가짜 뉴스를 무분별하게 믿고 거기에 빠져드는지, 거기에 어떻게 대응해야 하는지까지 나아간다. 230페이지의 많지 않은 분량이지만 챕터 별로 압축적이고 체계적으로 쓰여 있는 데다가 다양한 사례가 등장하여 읽기 쉽고 재미도 있다.

인류는 소문을 좋아하기에 가짜 뉴스와 음모론은 오래전부터 늘 있어왔지만, 책에 의하면 지금처럼 가짜 뉴스가 본격화된 것은 2016년 트럼프와 힐러리의 대선이 기점이었다고 한다. 언론이 우연히 대중들이 힐러리보다 트럼프에 훨씬 더 강하게 반응한다는 사실을 알아내면서부터. 그러면서 언론은 점차 힐러리보다 트럼프 쪽을 더 많이 다루기 시작하고, 동시에 온갖 가짜 뉴스 사이트가 생겨난다. 말 그대로 찌라시, 음모론 사이트였는데, 이들은 돈을 벌기 위해서는 대중의 클릭을 유도해야 한다는 사실을 깨달고 아무 말이나 던지고 본다. 그리고 소셜미디어의 헤비 유저들은 다른 이용자들의 관심을 얻기 위해 이러한 자극적인 소식을 퍼다 나르기에 이른 것이다.

집단적 사고와 편향이 만들어지는 과정

그렇다면 이런 말도 안 되는 소문을 대중은 어떻게 믿게 되었을까? 그것은 인간이 본래 비합리적인 데다가 소셜미디어 자체가 굉장히 편향되어 있기 때문이라고 할 수 있다. 친구 추가와 삭제, 팔로우와 언팔로우가 비교적 자유로운 소셜미디어에서 이용자들은 대개 자기 입맛에 맞는 사람들과 언론으로만 타임라인을 구성하게 되고, 그러다 보면 자연스레 자신이 '원하는' 소식만을 보게 된다는 것이다. 진실 여부와는 관계없이.

넷플릭스의 다큐멘터리인 〈소셜 딜레마〉 역시 비슷한 지적을 한다. 소셜미디어를 이용하는 사이 우리의 뇌는 점차 '좋아요'와 '하트'가 주는 즉각적인 보상(도파민)에 익숙해지는데, 도파민은 마치 마약처럼 작용하여 소셜미디어 자체에 중독되는 현상을 낳는다고 한다. 결국 사용자는 더욱 많은 '좋아요'를 받기 위해 점차 자극적인 게시물, 눈에 띄기 위한 흥미 위주의 게시물을 올리게 되고, 사람들의 이용시간이 늘어날수록 큰 보상을 얻게 되는 소셜미디어 회사 역시 사람들이 반응하기 쉬운 자극적인 정보 위주로 노출하여 결국은 가짜 뉴스가 범람하기 쉬운 환경이 조성된다는 것이다.

이러한 현상을 두고 어차피 음모론인데 뭐 어떠냐고, 그냥 일부의 문제일 뿐이라고, 무시하면 된다고 이야기하는 이들이 있을 수도 있겠다. 하지만 가짜 뉴스는 단순히 불쾌한 헛소문으로 끝나는 것이 아니라 정치 사회 전반에 걸쳐 직접적인 영향을 미치기에 심각한 문제가 된다. 일례로 미국에서는 어느 피자집이 힐러리가 수장인 소아성애 조직의 자금줄이라는 가짜 뉴스를 듣고 흥분한 남성이 총을 들고 해당 피자집에 쳐들어가 총을 마구 갈긴, 일명 '피자 게이트' 사건이 일어나기도 했다. 또한 페이스북이 곧 뉴스의 대명사인 미얀마에서는 페이스북 내의 혐오 발언에 휘말린 미얀마 사람들이 이슬람 소수 민족인 로힝야 족을 배척하다 결국 대규모 학살을 자행하기도 했다.

어쩌면 오늘날 전 세계에 극우적인 흐름이 자꾸 꿈틀대는 것 또한 같은 맥락일지도 모른다. 작년 여름 우리나라에서는 제주도 난민을 받아들이는 문제로 말이 많았는데, 당시 나는 20~30대 젊은 여성들이 난민에 매우 부정적이라는 것을 알고는 굉장히 놀랐다. 페이스북과 트위터에는 난민에 의한 강간의 두려움을 호소하는 여성들, 맘카페에서는 아이들 걱정을 하며 몸을 사리는 엄마들이 넘쳐났다. 이들은 '난민 남성이 어린아이와 여성을 성폭행한다'는 가짜 뉴스를 진심으로 믿고 있었다. 간혹 이의를 제기하는 목소리는 단칼에 제거되었다. 그러면서 편향은 점차 강해졌다. 전부 가짜 뉴스가 불러온 비극이다. 어떤 측면에서는 자극적인 기사나 가짜 뉴스를 퍼 와서 비판하는 행위도 크게 다르지 않다. 사람들은 주로 비난 혹은 비판의 목적으로 이와 같은 행위를 하며, 이때 해당 기사가 자극적일수록 반향은 커지지만, 시간이 흐른 뒤 남는 것은 오로지 기사의 '인상'뿐이다. 기사에 첨부한 코멘트는 휘발되고 자극적인 내용만 남아 편향을 더욱 강화하는 기제가 되곤 한다. 결국 소셜미디어의 발전, 가짜 뉴스의 횡행, 집단적 사고와 편향이 모두 이어져 있는 것이다.

결국 남는 것은 무엇을 믿을 것인가인데, 이에 대해서 책이 제시하는 해결책은 다음과 같다.

1. 믿을 만한 언론을 선정해서 이들이 좋은 기사를 쓸 수 있도록 후원할 것
2. 문해력을 기를 것

뻔한 말이지만 이 외에는 대안이 없기도 하다. 이에 더해 소셜미디어에서 '내가 듣고 싶어하는 말'만 골라서 하는 이들을 주의해야 한다. 사실 언제나 그렇다.

내 안의 하이드

결혼식장에 가면 축가로 자주 나오는 노래 중에 〈지금 이 순간〉이란 곡이 있다. 뮤지컬 〈지킬 앤 하이드〉의 넘버 중 하나로 인기 배우들이 종종 부르곤 해서 더욱 화제가 된 곡이다. 그러나 이 아름다운 곡을 축가로 들을 때마다 나는 흠칫 놀라곤 하는데, 실은 이 노래가 극 중에서 연인에게 사랑을 고백하는 장면이 아닌, 지킬이 약을 마시고 하이드로 변신하기 직전에 부르는 것이기 때문이다. "지금 이 순간, 바로 여기, 간절히 바라고 원하던 이 순간"이란 유명한 가사는, 말하자면 '약 빨기 직전'의 흥분에 대한 생생한 묘사라고 할 수 있다. 물론 결혼이란 인륜지대사이니 만큼 '맨정신'으로는 쉽사리 감행하기 어려운 것이고, 그런 의미에서

라면 일견 적절한 곡 선택일런지도 모르겠지만.

　원작 소설인 《지킬 박사와 하이드》는 워낙 유명한 탓에 직접 읽어본 이들이 드문 작품 중 하나이다. 소설 역시 큰 틀에서는 흔히 아는 내용과 크게 다르지 않다. 저명한 의학 박사인 지킬이 사적으로 제조한 약물을 흡입했다가 하이드라는 새로운 인격으로 변신하는 부작용을 겪고, 하이드의 몸으로 온갖 악행을 저지르다가 발각될 위기에 처하자 죽음을 맞는 이야기. 하지만 소설과 세간에서 통용되는 줄거리 사이에는 중요한 차이점이 있는데, 결정적으로는 지킬이 약을 마시게 되는 '동기'가 다르다고 할 수 있다. 대개는 지킬이 어디까지나 학자로서의 도전 정신에 의거하여 그와 같은 과감한 실험을 강행한 것이라 알고 있을 테다. 그러나 실제 소설 속에서는 조금 다르다.

우리가 몰랐던 하이드의 탄생 배경

소설 속 지킬은 평소 사회적 명망이 높으며 이에 상응하는 엄격한 기준을 지닌 도덕적 인물로 그려진다. 하지만 이런 지킬에게는 남모를 비밀이 있었으니, 바로 사람들의 눈을 피해 스스로가 세워둔 규칙을 벗어나고 싶어하는 은밀한 욕망을 품고 있었다는 사실. 지킬은 이렇게 말한다. "나의 가장 큰 단점은 쾌락을 탐하는 성향이었다. 쾌락은 많은 사람을 행복하게 하지만, 고고한 자긍심으로 대중들 앞에서 철저하게 근엄한 모습을 보이고 싶다는 오만한 욕망을 가진 내게 쾌락은 양립하기 어려운 것이었다." 고로 지킬은 이처럼 모순된 욕망을 해결하기 위해 다양한 방법을 과학적으로 연구하게 되고, 그 과정에서 하이드가 탄생하게 된 것이다.

그래서일까. 지킬은 사회적 법규를 완전히 벗어난 하이드의 몸에서 일종의 해방감을 맛보는 것과 동시에 하이드의 거친 인격에 역겨움을 느낀다. 지킬은 사람들에게 발각될지 모른다는 두려움에 떨면서도 종종 하이드로의 변신을 꾀하게 된다. 그러므로 흔히들 아는 것과는 다르게, 지킬은 실험의 부작용으로 어쩔 수 없이 하이드로 변신했던 것이 아니라, 매번 해방감을 위하여 스스로의 의지로 약을 마시고 하이드로 변신하기를 선택한 것에 더 가깝다. 내면에 존재하는 하이드로서의 자신을 감당할 수가 없었기에, 그러한 인격을 분리해내고자 자진해서 약을 마신 것이다. 물론 반복되는 변신 과정에서 하이드는 점차 강력한 힘을 갖게 되고, 그러면서 지킬 본연의 인격은 거의 남지 않게 되었지만.

가상세계의 나와 현실의 나는 분리될 수 있는가

본래 대중을 위한 호러 소설로 출발했던 로버트 루이스 스티븐슨의 이 작품은 훗날 인간 내면의 이중성을 상징하는 걸작으로 높은 평가를 받았는데, 나는 이 소설이 현대에 이르러서도 여전히 유효한 의미를 갖는다고 생각한다. 특히나 SNS 및 각종 인터넷 커뮤니티 등이 큰 힘을 발휘하는 오늘날에는 더욱더. 나는 이 소설을 읽는 동안 모니터 앞에 앉아 댓글을 다는 어떤 사람들을 떠올렸다. 특히 하이드가 길을 걷던 노인이나 어린이에게 마구잡이로 폭행을 가하는 장면에서는 인터넷 포털의 뉴스 창이나 각종 사이트에 익명으로 온갖 욕설이나 인신공격형 댓글을 다는 사람들, 하지만 모르는 이들에게는 매우 모범적인 시민으로 보일 만한 그들의 모습이 겹쳐지곤 했다. 실제로 악성 댓글 문제를 법적으로 처리해본 사람들은 경찰서를 방문한 가해자를 직접 만나보고 깜짝 놀라는 경우가 많았다고 한다. 대다수가 전혀 '그럴 만한' 사람으로 보이지 않았기 때문이다.

그들 역시 최초로 악플을 달게 된 계기는 매우 단순한 이유였는지도 모른다. 그저 조금 짜증이 나서 화를 풀기 위해, 스트레스를 해소하기 위해, 그냥 재미로, 마음속 어떤 욕구를 풀기 위해 별 생각 없이. 물론 조금의 죄책감은 느꼈을 수도 있지만 대개는 그렇게 다는 댓글은 '진짜' 자신이 아닌 인터넷 속에 존재하는 가상의 캐릭터가 다는 것이라 여겼을 것이다. 그러면서 점차 그런 류의 댓글이나 언행에 익숙해졌을 것이다. 강도가 조금씩 세졌을 것이다. 마치 지킬이 하이드가 저지르는 악행을 본인과 분리해서 생각했던 것처럼, '진짜' 자신은 훼손되지 않고 순수하게 남아 있다고 끝끝내 믿었던 것처럼, 그러다가 마침내는 하이드에게 저항할 수 없게 된 것처럼 말이다.

그러고 보니 예전에 지인이 비슷한 이야기를 한 적이 있다. 그는 SNS가 재미있는 이유 중 하나로 새로운 인격을 만들어낼 수 있기 때문이라는 것을 꼽았다. SNS의 세계는 마치 RPG 게임과도 비슷하다고, SNS에 존재하는 자신은 현실 세계의 자아와는 별도의 존재라고, 그런고로 SNS 상에서 이루어지는 조리돌림이나 SNS에 적는 과격한 포스팅이나 댓글을 꼭 현실 세계의 기준으로만 판단할 수는 없다고.

하지만 사람의 인격은 결코 여러 가지로 분리될 수 없다. 분리될 수 있는 것처럼 보이는 것은 착각일 뿐, 종내에는 서로 영향을 주고받을 수밖에 없는 것이다. 그리고 가상의 내가 분리될 수 있다고 여길 때, 내 안의 나쁜 지점을 가상의 인격을 통해 분리하려는 시도를 할 때를 가장 경계해야 한다. 지킬의 사례가 잘 보여주듯이, 그럴 때일수록 실제의 자신은 점점 더 망가지고 있을 확률이 높기 때문이다.

혐오의 자화상

얼마 전 SNS에서 눈살을 찌푸리게 만드는 글을 보았다. SNS 이용자들 중 본인 마음에 들지 않는 사람들을 유형별로 나누어 분석하는 내용이었는데, 읽고 나서 몹시 언짢은 기분이 들었다. 나는 속으로 생각했다. '이 사람은 늘 이런 식이야. 왜 매번 이러는 걸까? 대체 왜 이렇게 싫어하는 게 많을까? 사람이 왜 이렇게 비뚤어진 것일까? 좀 긍정적인 이야기를 할 수는 없나? 남의 흠을 찾아내는 것 말고는 할 일이 없나?'

그렇게 혀를 끌끌 차던 나는 그만 깜짝 놀라고 말았다. 내심 한심해하며 마음속으로 되뇌었던 그 멘트는, 10여 년 전 어떤 사람이 내게 했던 말이기도 한 것이다. 당시 그는 열을 내며 동료 직원의 험담을 하던 나를 빤히 쳐다보며 물었다. "넌 근데 싫어하는 게 왜 그렇게 많아?" 그날 밤새 씩씩대며 그 말을 곱씹었다. 뭐야 대체! 그냥 불만 좀 이야기할 수도 있지! 마음에 안 들어 할 수도 있는 거지! 그럼 세상 모든 걸 다 마음에 들어 해야 하나? 분한 나머지 잠이 오지 않을 지경이었다. 결국 얼마 안 있어 그 사람과의 연을 끊어버리고야 말았다.

별것도 아닌 말을 듣고 왜 그렇게까지 화가 났는가에 대해서 오래도록 생각했는데, 아마도 그의 말이 사실이라는 걸 마음 깊은 곳에서는 알고 있었기 때문이라고 생각한다. 알고 있어서 용서할 수 없었다. 그가 했던 말이 내가 마음에 들어하지 않는, 내가 싫어하는 나의 모습을 비추고 있었기 때문이었다. 싫어하는 게 너무나 많은 나. 비뚤어진 나. 부정적인 나. 그런 나를 마음에 들어하지 않는 나 자신.

앞서 언급한 글을 읽으며 마음이 언짢았던 것 역시 곰곰이 생각해본 결과 같은 선상이었다. 결국은 그 글을 쓴 이의 어떤 부분이 내 안의 무언가를 건드렸기에 그토록 마음에 들지 않았던 것이다. 타인의 장점보다는 단점을 먼저 찾아내고, 남에 대해 자주 트집 잡고 깎아내리는, 애써 감추려고 노력해도 잘 감추어지지 않는, 다스리려고는 하나 잘 되지 않는 나의 안 좋은 성미, 부정적인 성향을 그 글이 거울처럼 그대로 반사하고 있었다.

자기 경멸이 타인에 대한 증오가 된다

철학자 에릭 호퍼는 대중운동의 본질을 다룬 저서 《맹신자들》에서 '증오'란 자아에 대한 불만의 또 다른 표현이라고 지적하며 다음과 같이 이야기한다. "증오는 우리의 부적합함, 쓸모없음, 죄의식, 그 밖의 결함을 자각하지 못하게 억누르려는 필사적인 노력의 표현이다. 여기서 자기 경멸이 타인에 대한 증오로 변질되며, 이 변질을 숨기기 위해 매우 단호하고 집요한 노력을 기울이게 된다."

그러고 보니 무언가가 괜히 마음에 들지 않거나 거슬리던 때는 늘 비슷했던 것 같다. 타인에게서 내 안의 어떤 거슬리는 지점을 찾아냈을 때. 어떻게든 인정받고 싶어 발버둥치는 사람이 보기 싫게 느껴지던 순간은 내 안에 인정욕구가 갈급한 상황이었고, 타인의 비위를 맞추려 무리하는 사람이 괜히 눈에 밟히던 때는 내 안에 비굴함이 넘치던 시기였다. '쿨한 척'하는 사람들이 마음에 들지 않고 우스워 보일 때는 나 자신이 냉소로 가득할 때였다. 누군가의 속내를 간파할 수 있다고 여긴 것은 내가 그와 같은 속내를 품고 있었기 때문이었으며, 세상이 악의와 음모로 가득해 보이던 때는 나의 내면이 황폐하던 시점이었다.

스스로에 대한 불만이 극대화되었을 때, 내가 나를 사랑할 수 없을 때 분노는 늘 밖으로 뻗어나갔다. 그렇게 뻗어나간 뒤 내가 가장 마음에 들어하지 않는 나의 어떤 지점을 타인에게서 정확히 찾아냈다. 그리고 나는 '마음에 들지 않는 나'를 잊기 위해, 내가 싫어하는 나의 단점을 지닌 상대방을 맹렬히 미워하곤 했다. 내가 현재 미워하는 상대방의 속성이 분명 내 안에 존재한다는 사실은 애써 외면했다. 인정하려고 하지 않았다.

누군가가 극도로 싫을 때는 먼저
자기 자신을 돌아볼 것

이것이 비단 나만의 이야기라고 생각하진 않는다. 에릭 호퍼에 의하면 위와 같은 상황, 스스로에게 불만족스러울 때 자신의 단점을 타인에게서 발견하는 행태는 매우 보편적으로 일어나는 현상이며, 특히 각종 대중운동은 이러한 내적 불만이 외부의 어떤 대상에 대한 증오 혹은 선망과 결합하며 나타난다고 지적했다.

그렇기 때문일까. 증오심은 시기심과 자주 결부된다. 사람들은 자신이 애써 감추려는 어떤 지점, 자신이 직시하고 싶어하지 않는 어떤 특질을 거침없이 발현하는 누군가에게서 질시 어린 분노를 느끼는 경우가 많은 듯하다. 구체적으로 표현해보자면 '나는 이렇게 참고 있는데 네가 감히?'와 같은 느낌이라고 할 수 있을 것이다. 호퍼는 그렇기 때문에 대중운동에서 무언가를 미워하는 사람들은 거의 예외 없이 자신이 증오하는 대상을 따라가는 경우가 많고, 결국 그들이 가장 증오하던 어떤 속성은 그 자신에 의해 영속되는 결과를 낳는다고 말하기도 했다.

호퍼가 말한 사례는 각종 대중운동에서 쉽게 찾아볼 수 있다. 무언가를 강력하게 비판하는 사람들은 사실 비판의 대상과 동일한 행동을 보일 때가 많다. 비단 운동뿐만이 아니다. 실제로 SNS를 하다 보면 이런 모습이 유난히 잘 보이곤 한다. 정치 이야기 좀 그만하라고 호통을 치는 사람들을 살펴보면 실은 평소 누구보다도 정치 이야기를 많이 하는 사람임을 알 수 있으며, 남을 가르치려 들지 말라고 반발을 하는 사람들을 관찰하면 상당히 교조적인 모습을 엿볼 수 있다. 누군가 잘난 척을 너무 심하게 해서 마음에 안 든다는 이야기를 하는 사람의 경우 실상 스스로에 대해 굉장한 자부심을 지니고 있을 때가 많다.

그러므로 누군가가 혹은 무언가가 견딜 수 없을 정도로 미워진다면 자기 자신을 먼저 살펴볼 일이다. 무언가가 참을 수 없을 정도로 혐오스러운 것은, 그것이 내 안의 부정적인 무언가를 보여주고 있기 때문이 아닌가 하고 말이다. 외부의 무언가가 마음에 들지 않는 것은 현재의 자신이 불만족스럽다는 아주 강력한 신호다. 아주 오래전 김영하 소설가가 사람들은 자기가 혐오하는 것들과 닮아 있다는 말을 한 적이 있는데, 그 말이 참으로 맞는 듯하다.

감사의 글

《다정한 무관심》은 지난 몇 년간 서울신문과 시사인, 오마이뉴스와 슬로우뉴스 등 온·오프라인 매체에 기고한 글과 비정기적으로 SNS에 쓴 글, 그 밖에 개인적으로 써두었던 글을 추리고 다듬어서 묶은 책이다. 몇 년에 걸친 파편적인 생각의 조각들이라 구성이 쉽지 않으리라 생각했는데, 두서없는 글에서 일관된 시선과 방향을 발견하여 정리해주신 사우출판사 문채원 대표께 감사의 말씀을 드리고 싶다. 책을 만드는 과정에서 여러모로 많은 배려와 존중을 받았다.

고백하자면 SNS에 처음 글을 쓸 때만 해도 지금처럼 여러 매체에 지면이 주어지는 날이 올 줄은, 그렇게 쓴 글을 책으로 묶는 날이 오리라고는 상상도 하지 못했다. 여러모로 부족하고 미흡한 사람이 꾸준히 글을 쓰고 목소리를 낼 수 있었던 것은 모두 목소리를 낼 공간을 마련해준 사람들과 이야기를 들어주는 사람들이 있었기 때문이다. 쓰는 이에게는 읽는 이만큼 소중한 존재가 없다. 흠결과 단점에도 불구하고 늘 격려하고 응원하며 지켜봐주신 많은 분들께 감사의 말씀을 드리고 싶다. 내 생각과 태도는 이전과 크게 달라지지 않았음에도 서 있는 위치와 상황에 따라 목소리가 닿는 범위가 이토록 달라질 수 있음에 대해 자주 생각한다.

스스로를 상당히 개인주의적이라 생각하고, 어딘가에 속하는 것을 싫어하며, 간섭이나 방해 받는 것을 질색한다. 동시에 평소 누군가로 인해 피해를 입는 것도, 타인에게 피해를 입히는 것도 싫다는 이야기를 자주 하곤 한다. 하지만 내가 그와 같이 '개인'으로 존재할 수 있는 것은 어디까지나 주변 사람들의 양보와 보살핌이 있었기 때문이라는 사실을, 다들 나를 '참아주었기' 때문이라는 사실을 잘 안다.

책을 쓰며 다시 한번 깨달은 사실은 이 세상 누구도 타인에게 폐를 끼치지 않고 신세를 지지 않는 무해한 존재로 살 수는 없다는 것이다. 그러므로 살아가기 위해 우리에게 필요한 것은 최대한 자신의 해로움을 줄이려 애쓰는 것, 그럼에도 불구하고 타인에게 기대고 폐를 끼칠 수밖에 없는 자신의 한계를 받아들이고 직시하는 것, 동시에 타인을 감내하고 이해하는 것을 배우는 것이라고 생각한다. 이 책을 내기까지도 남편과 아이들의 많은 희생과 배려가 있었다. 집에서 늘 말하곤 하지만 이 자리를 빌어 다시 한번 감사하고 사랑한다는 말을 전하고 싶다. 더불어 내가 나 자신일 수 있도록 나를 참아주고 도와주는 많은 이들에게도 새삼 감사 인사를 전하고 싶다. 마지막으로 이 책을 읽어주고 내 목소리에 귀 기울여 주신 독자들께도 깊이 감사 드린다.

다정한 무관심

초판 1쇄 발행 2021년 6월 3일

지은이	한승혜
펴낸이	문채원

펴낸곳	도서출판 사우
출판등록	2014-000017호
주소	서울시 양천구 목동동로 50, 1223-508
전화	02-2642-6420
팩스	0504-156-6085
전자우편	sawoopub@gmail.com

ISBN 979-11-87332-65-7 (03300)